Dagmar Giersberg

IM BERUF *Neu*

Fachwortschatztrainer Transport und Lager

Deutsch als Fremd- und Zweitsprache

Hueber Verlag

Fachliche Beratung: Gerhard Lübke, Dipl.-Betriebswirt, München

Zu den so gekennzeichneten Übungen und zum Lernwortschatz gibt es Audiodateien, die Sie über die kostenlose *Hueber Media*-App für Smartphone und Tablet abrufen können.

Unter *www.hueber.de/im-beruf-neu* können Sie die Audios auch im MP3-Format kostenlos herunterladen. Dort finden Sie auch die Lösungen zu den Übungen in diesem Trainer.

4. 3. 2. 2028 27 26 25 24	Die letzten Ziffern bezeichnen Zahl und Jahr des Drucks.

Alle Drucke dieser Auflage können, da unverändert, nebeneinander benutzt werden.

1. Auflage

Umschlaggestaltung: Sieveking Agentur, München
Layout und Satz: Sieveking Agentur, München
Verlagsredaktion: Isabel Buchwald-Wargenau, Leipzig; Thomas Stark, Felix Steffan und Majanka Schwarz, Hueber Verlag, München
GPSR-Kontakt: Hueber Verlag GmbH & Co. KG, Baubergerstraße 30, 80992 München, kundenservice@hueber.de
Druck und Bindung: Friedrich Pustet GmbH & Co. KG, Gutenbergstraße 8, 93051 Regensburg, technik@pustet.de
Printed in Germany
ISBN 978–3–19–341190–7

Art. 530_24681_001_02

Inhalt

Anhang

Vorwort

Mehr als 900 Wörter aus dem Fachwortschatz Transport und Lager wurden für diesen Trainer thematisch in 35 Wortfelder gruppiert. Je eine Doppelseite zu jedem Wortfeld bietet abwechslungsreiche Übungen und eine Liste des Lernwortschatzes mit Linien zum Eintragen der eigenen Übersetzung.

Die ersten zehn Wortfelder haben wir zum besseren Kennenlernen der Übungstypen konsequent mit Beispiellösungen versehen. In den Wortfeldern 11 bis 35 haben nur noch unbekannte Übungstypen solche Beispiellösungen.

Übungen auf der Grundlage eines Hörtextes sind durch ein Lautsprechersymbol besonders gekennzeichnet. Diese Hörtexte und die Vertonung des Lernwortschatzes sind über eine kostenlose App für Smartphone und Tablet abrufbar.
Unter *www.hueber.de/im-beruf-neu* finden Sie die Audiodateien auch im MP3-Format zum kostenlosen Download. Sie können dort auch die Lösungen zu den Übungen in diesem Trainer kostenlos herunterladen.

Zum schnellen Auffinden einzelner Wörter dient das Wörterverzeichnis im Anhang ab Seite 76.

Viel Spaß und Erfolg mit unserem Fachwortschatztrainer Transport und Lager

wünschen Ihnen
die Autorin und der Verlag

Einige Tipps fürs Wörterlernen

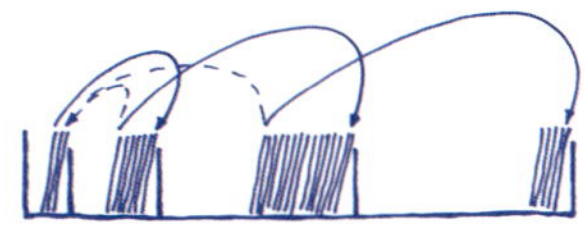

Karteikarten
Schreiben Sie die Wörter, die Sie lernen möchten, zusammen mit einem Beispielsatz auf Karteikarten. Notieren Sie auf die Rückseite die Übersetzung. Besorgen Sie sich einen Karteikasten. Neue Kärtchen kommen ins erste Fach. Wenn Sie ein Wort können, wandert es ein Fach nach hinten. Die Wörter in den hinteren Fächern werden ab und zu kontrolliert. Beherrschen Sie eine Vokabel bei der Überprüfung nicht mehr, kommt sie wieder ins erste Fach.
Das letzte Fach ist das Archiv. Aber auch diese Wörter sollten Sie gelegentlich überprüfen.

Wörternetze
Notieren Sie Wörter, die zusammengehören, in einem Wörternetz und sammeln Sie diese Netze. Wenn Sie ein neues Wort lernen, das dazu passt, ergänzen Sie Ihr Netz.

Wort-Bild-Karten
Schreiben Sie das Wort auf ein Kärtchen und kleben Sie auf ein anderes Kärtchen ein passendes Bild oder zeichnen Sie selbst.
Mit einer Sammlung dieser Kartenpaare können Sie ein Memo-Spiel oder, wenn Sie ein Bild und ein nicht dazu passendes Wort zusammenkleben, Domino spielen. Das macht am meisten Spaß, wenn Sie mit mehreren zusammen spielen.

Diese Spiele funktionieren auch, wenn Sie Teile von zusammengesetzten Wörtern auf die Kärtchen schreiben.

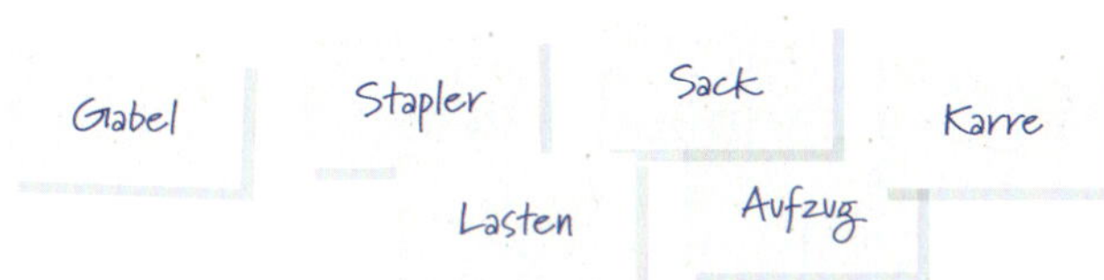

Schreiben
Schreiben Sie die Wörter öfter mal mit der Hand. Was man geschrieben hat, prägt sich besser ein, und mit der Hand funktioniert das besser als mit dem Computer.
Sie können zu den Wörtern auch Beispielsätze aus Ihrem Berufsalltag aufschreiben. Oder Sie schreiben Sätze, die den Begriff definieren.

Beim Umschlag wechseln die Güter auf dem Transportweg das Verkehrsmittel.

Bewegung
Auch Bewegung hilft beim Lernen. Legen Sie die Lernwortschatzliste zum Beispiel in die Küche und decken Sie die deutsche Seite zu. Schauen Sie ein muttersprachliches Wort an, gehen Sie ins Wohnzimmer und notieren Sie dort das deutsche Wort usw., bis Sie die Liste abgearbeitet haben.

1 Logistik

1 **Lesen Sie den Text und beschriften Sie die Bilder mit den markierten Wörtern. Notieren Sie auch die Artikel.**

Die drei wichtigsten Prozesse bei der Logistik sind die Lagerung, der Transport und der Umschlag von Gütern. Diese Prozesse muss man genau planen und steuern, damit keine Fehler passieren.

Bei der **Lagerung** liegen **Güter** an einem bestimmten Ort. Man lagert sie dort, bis man sie zu einem späteren Zeitpunkt braucht.

Beim **Transport** bringt man Güter von einem Ort an einen anderen Ort. Dazu benutzt man unterschiedliche Verkehrsmittel (zum Beispiel Fahrräder, Lkws, Züge, Schiffe oder Flugzeuge).

Beim **Umschlag** wechseln die Güter auf dem Transportweg das Verkehrsmittel (zum Beispiel von einem Lkw auf ein Schiff oder von einem Zug auf einen Lkw).

1 der Transport

2 ....

3 ....

4 ....

2 **Ergänzen Sie.**

1 umschlagen – der Umschlag
2 transportieren – ....
3 lagern – ....
4 .... – die Planung
5 .... – die Steuerung
6 logistisch – ....

3 **Hören Sie und ergänzen Sie die Buchstaben.**

① das logistische System =
die S t e u e r u n g des Güterflusses (T r a n s _ _ _ _, L _ g _ _ u n g ...)

② die Disposition =
die P l _ _ u n g des Transports von G _ _ e r n (Transportmittel, Termine, ...)

4 **Was passt zusammen? Verbinden Sie.**

1 die Distribution
2 die Beschaffung
3 die Entsorgung
4 die Produktion

A Güter herstellen 
B Müll wegwerfen 
C Material einkaufen 
D Güter verkaufen 

5 **Bilden Sie Wörter mit *-logistik* wie im Beispiel. Ergänzen Sie immer ein *s*.**

~~die Beschaffung~~ die Distribution die Entsorgung die Produktion

die Beschaffungslogistik, ...

....

6 **Bilden Sie Wörter und ergänzen Sie.**

Be bu Dis duk Ent fung gung ~~me~~ Pro schaf sor ~~Sys~~ ~~te~~ tion tion tri

Logistische Systeme **in einer Firma**

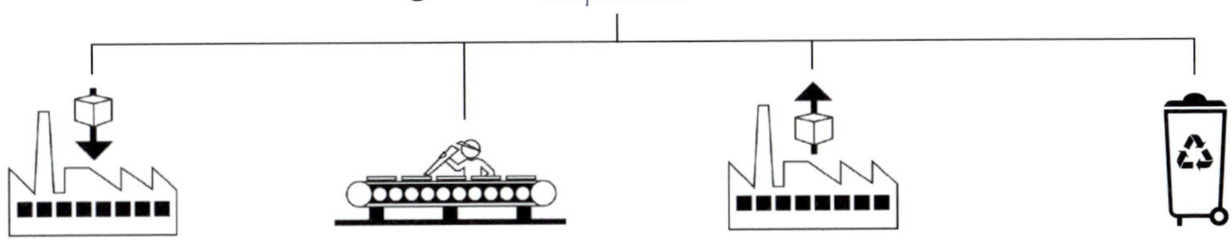

1 die .... s-logistik 2 die .... s-logistik 3 die .... s-logistik 4 die .... s-logistik

7 **Welches Verb passt noch? Umkreisen Sie.**

1 die Beschaffung: Güter einkaufen – verkaufen und lagern
2 die Logistik: Güter transportieren, umschlagen – herstellen und lagern
3 die Disposition: den Transport von Gütern planen und bezahlen – steuern

8 **Welche Prozesse gehören zur Logistik? Machen Sie ein Wörternetz.**

die Logistik – lagern/die Lagerung

Lernwortschatz

die Beschaffung (Sg.)	planen, hat geplant ....
die Beschaffungslogistik (Sg.)	die Planung, -en ....
die Disposition (Sg.)	die Produktion (Sg.) ....
die Distribution (Sg.)	die Produktionslogistik (Sg.) ....
die Distributionslogistik (Sg.)	steuern, hat gesteuert ....
die Entsorgung (Sg.)	die Steuerung, -en ....
die Entsorgungslogistik (Sg.)	das System, -e ....
das Gut, ¨-er	der Transport, -e ....
der Güterfluss, ¨-e	transportieren, hat transportiert ....
lagern, hat gelagert	der Prozess, -e ....
die Lagerung, -en	der Umschlag (Sg.) ....
die Logistik (Sg.)	umschlagen, hat umgeschlagen ....
logistisch	....

2 Wer macht was?

1 Wer macht was? Schreiben Sie die Wörter richtig.

1 Der Disponent (nentDispo) organisiert den Transport von Gütern.
2 Der .... (rantLiefe) liefert und übergibt Güter.
3 Der .... (fängerEmp) nimmt Güter in Empfang.
4 Der .... (abholerSelbst) holt die Güter im Lager selbst ab.
5 Der .... (dersenVer) schickt Güter an den Zielort.
6 Der .... (lagererEin) lagert Güter für ein anderes Unternehmen.
7 Der .... (führerFracht) oder Carrier übernimmt den Transport von Gütern an Land, auf Flüssen und in der Luft.
8 Der .... (halterLager) betreibt ein Lager.

2 Hören Sie. Wer übernimmt hier den Transport: der Frachtführer (F) oder der Verfrachter (V)? Ordnen Sie zu.

1 F

2 ......

3 ......

4 ......

5 ......

3 Was passt? Umkreisen Sie.

1 Der Empfänger – Subunternehmer ist jemand, der für ein anderes Unternehmen einen bestimmten Auftrag übernimmt. Wenn andere Firmen bestimmte Aufgaben immer wieder erledigen, spricht man von Outsourcing.
2 Der Lagerhalter – Spediteur organisiert den Transport von Gütern. Das Unternehmen kann die Güter selbst transportieren oder ein Versender kann diese Aufgabe übernehmen.
3 Der Endverbraucher – Versender oder auch Kunde benutzt oder verbraucht die Güter.
4 Der Frachtführer – Kommissionierer sucht in einem Lager Güter für einen Auftrag zusammen.
5 Für den Befrachter – Selbstabholer transportiert ein Carrier oder Verfrachter Güter auf dem Meer.
6 Die Stauerei – Der Lieferant bringt Güter sicher auf Schiffe oder in Container.

4 Verbinden Sie.

1 der End	A sourcing
2 das Out	B nehmen
3 das Unter	C abholer
4 der Auf	D trag
5 der Selbst	E verbraucher

5 **Ordnen Sie zu: Transport (1) oder Lager (2)?**

der Carrier (1) | der Disponent ◯ | der Einlagerer ◯ | der Frachtführer ◯ | der Lagerhalter ◯ | der Kommissionierer ◯ | der Lieferant ◯ | der Spediteur ◯ | der Versender ◯

6 **Finden Sie noch fünf Wörter und ergänzen Sie mit Artikel.**

BQHGLIEFERANTQZTASUBUNTERNEHMERPXVMEMPFÄNGERVZTKJ
KOMMISSIONIERERKPYXBEFRACHTERBTWZAHSELBSTABHOLERVZT

1 Güter liefern und übergeben: der Lieferant
2 Güter in Empfang nehmen: ……
3 Güter selbst im Lager abholen: ……
4 Güter in einem Lager zusammensuchen: ……
5 eigene Güter auf dem Meer transportieren lassen: ……
6 einen Teil von einem Auftrag übernehmen: ……

7 **Ergänzen Sie.**

abholen | betreiben | nehmen | übergeben | ~~übernehmen~~

1 eine Aufgabe annehmen = einen Auftrag übernehmen
2 ein Paket annehmen = ein Paket in Empfang ……
3 etwas beim Empfänger abgeben = etwas …… oder liefern
4 an einen Ort fahren und dort etwas mitnehmen = etwas ……
5 ein Lager haben und es organisieren = ein Lager ……

8 **Erklären Sie den Unterschied zwischen Frachtführer, Befrachter und Verfrachter.**

Lernwortschatz

abholen, hat abgeholt ……
der Auftrag, ⸚e ……
der Befrachter, – ……
betreiben, hat betrieben ……
der Carrier, – ……
der Disponent, -en ……
der Einlagerer, – ……
der Empfänger, – ……
in Empfang nehmen ……
der Endverbraucher, – ……
der Frachtführer, – ……
der Kommissionierer, – ……
……
der Lagerhalter, – ……
der Lieferant, -en ……
liefern, hat geliefert ……
das Outsourcing (Sg.) ……
der Selbstabholer, – ……
der Spediteur, -e ……
die Stauerei, -en ……
der Subunternehmer, – ……
übergeben, hat übergeben ……
übernehmen, hat übernommen ……
das Unternehmen, – ……
der Verfrachter, – ……
der Versender, – ……

3 Werkzeuge und Geräte

1 **Schreiben Sie die Wörter richtig.**

1 der Schraubendreher (herbenSchraudre) 2 die .... (terLei) 3 die .... (geSä)

4 der .... (gelNa) 5 die .... (beSchrau) 6 die .... (geZan)

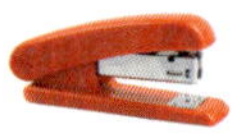

7 das .... (geHefträt) 8 der .... (merHam) 9 die .... (reSche)

10 die .... (merKlam) 11 die .... (siegelHeißzange)

2 **Ergänzen Sie die Buchstaben.**
Zu welchem Satz passt das Bild?
Schreiben Sie die Nummer.

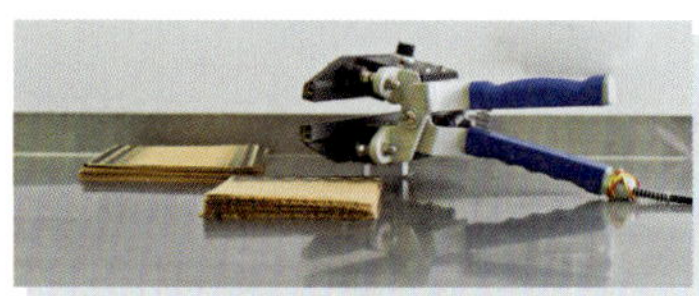

☐

1 Arbeitsmittel sind W[e][r]kz[e][u]g[e], Maschinen und Geräte.
2 Mit einem Messer oder einer Sch☐☐☐ kann man Papier schneiden.
3 Mit einer S☐☐☐ kann man Holz zerteilen.
4 Mit einem Schr☐☐b☐☐d☐☐h☐☐ befestigt man Schrauben.
5 Mit einem H☐☐☐er kann man Nägel in die Wand schlagen.
6 Mit einer Z☐☐☐e kann man Nägel aus einer Wand herausholen.
7 Mit einem H☐☐☐g☐☐☐t kann man Papier heften.
Für dieses Gerät braucht man Kl☐☐☐ern.
8 Mit einer H☐☐ßs☐☐g☐☐zange kann man Taschen verschließen.
9 Wenn man auf einer L☐☐t☐☐ steht, kann man an der Decke arbeiten.

3 **Was passt nicht? Streichen Sie.**

1 befestigen – ~~öffnen~~ – festmachen
2 heften – klammern – schneiden
3 der Hammer – der Nagel – die Leiter
4 die Schraube – das Heftgerät – die Klammer
5 das Werkzeug – das Gerät – das Regal

4 Bilden Sie Wörter und ergänzen Sie. Hören Sie dann und vergleichen Sie.

Ar | be | beits | ge | ge | ge | ge | gel | Heft | Heiß | ~~Lei~~ | mit | rät | Sä | Schrau | sie | tel | ~~ter~~ | Zan | zan

1 ◆ Ich bin zu klein. Ich komme nicht an das Regal.
  ○ Warte, ich hole dir eine Leiter.
  ◆ Oh, das ist nett. Danke.

2 ◆ Könntest du die beiden Seiten vom Vertrag für mich heften? Ich finde das ________ nicht.
  ○ Das Gerät habe ich, aber wir haben keine Klammern mehr.
  ◆ Okay, dann bestellen wir neue.

3 ◆ Der Nagel geht nicht raus. Hast du mal eine ________ für mich?
  ○ Mein Werkzeug liegt da vorne. Das kannst du gern benutzen.
  ◆ Super. Danke.

4 ◆ Wir müssen das Regalbrett kürzer machen. Hast du irgendwo die ________ gesehen?
  ○ Ja, hier ist sie!

5 ◆ Wie soll ich das befestigen? Mit einem Nagel?
  ○ Nein, nimm lieber eine ________. Das ist sicherer.
  ◆ Hast du denn eine, die passt?

6 ◆ Mit welchem ________ arbeitest du am häufigsten?
  ○ Ich muss oft Taschen mit der Schweißzange verschließen. Schau, hier ist sie.
  ◆ Ach, so nennst du das? Ich sage zu diesem Gerät ________.
  ○ Ja, so kann man das auch nennen. Zwei Namen, ein Gerät.

5 Welche Arbeitsmittel benutzen Sie oft? Machen Sie eine Liste.

Lernwortschatz

das Arbeitsmittel, – ________
befestigen, hat befestigt ________
festmachen, hat festgemacht ________
der Hammer, – ________
das Heftgerät, -e ________
heften, hat geheftet ________
die Heißsiegelzange, -n ________
die Klammer, -n ________
klammern, hat geklammert ________
die Leiter, -n ________
der Nagel, ¨ ________
die Säge, -n ________
die Schere, -n ________
die Schraube, -n ________
der Schraubendreher, – ________
die Schweißzange, -n ________
das Werkzeug, -e ________
die Zange, -n ________

4 Gewicht

1 **Bilden Sie Wörter mit *-gewicht*. Notieren Sie auch die Artikel.**

Brutto - Eigen- Gesamt- Leer- Netto-

das Bruttogewicht, ……

……

2 **Schreiben Sie die Wörter richtig.**

1 Das Gewicht von einer Verpackung heißt Tara (raTa).
2 Das maximale Gewicht, das ein ganzes Regal tragen darf, ist die …… (lastFeld).
3 Das maximale Gewicht, das ein Fach in einem Regal tragen darf, ist die …… (lastFach).
4 Das maximale Gewicht, das man auf eine Waage legen darf, ist die …… (lastHöchst).
5 Das, was ein Fahrzeug wiegt, wenn es leer ist, nennt man …… (gewichtLeer) oder …… (gewichtEigen).
6 Das maximale Gewicht, das ein Fahrzeug mit Gütern haben darf, ist das zulässige …… (gewichtGesamt).
7 Das maximale Gewicht, das die Güter auf einem Fahrzeug haben dürfen, ist die …… (lastNutz).

3 **Was passt? Umkreisen Sie.**

1 das Gewicht / die Fachlast

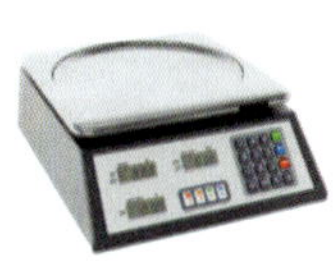

2 das Nettogewicht / die Zählwaage

3 die Nutzlast / die Tonne

4 die Tara / die maximale Achslast

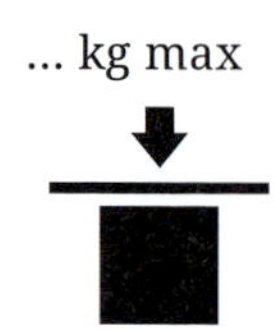

5 die höchstzulässige Stapellast / das maximale Leergewicht

4 **Ergänzen Sie = oder ≠.**

1 brutto ≠ netto
2 maximal zulässig …… höchstzulässig
3 ein Gewicht von 70 kg haben …… 70 kg wiegen
4 1 000 Kilogramm …… 1 Tonne
5 die Fachlast …… die Feldlast
6 das Leergewicht …… das Eigengewicht
7 die Tara …… das Nettogewicht
8 das tatsächliche Gewicht …… das Gesamtgewicht …… das Bruttogewicht

5 Ergänzen Sie die Buchstaben.

1

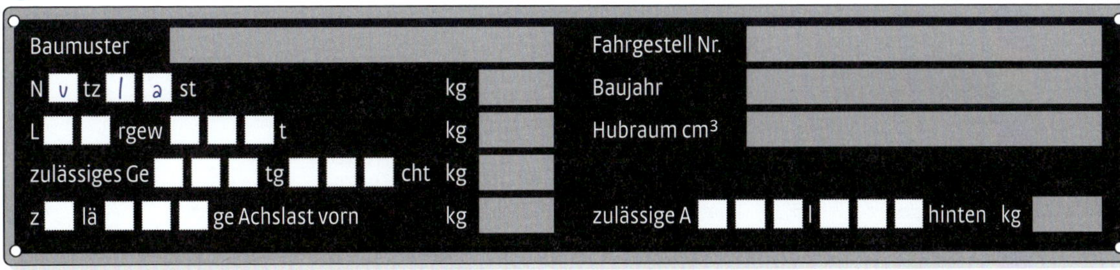

2

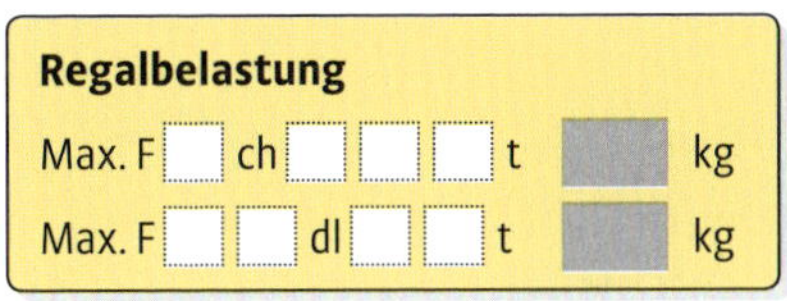

3

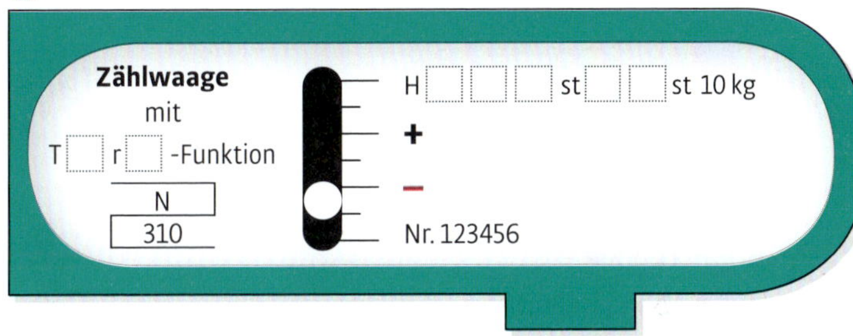

6 Ergänzen Sie + (plus), – (minus) oder = (gleich).

1 das zulässige Gesamtgewicht = das Leergewicht ___ die Nutzlast
2 die Tara ___ das Bruttogewicht ___ das Nettogewicht

7 Welche Wörter mit *-last* und *-gewicht* benutzen Sie besonders oft? Notieren Sie.

Lernwortschatz

die Achslast, -en ....
brutto ....
das Bruttogewicht (Sg.) ....
das Eigengewicht, -e ....
die Fachlast, -en ....
die Feldlast, -en ....
das Gesamtgewicht, -e ....
das Gewicht, -e ....
die Höchstlast, -en ....
höchstzulässig ....
das Leergewicht, -e ....
netto ....
das Nettogewicht, -e ....
die Nutzlast, -en ....
die Stapellast, -en ....
die Tara, Taren ....
das tatsächliche Gewicht ....
....
die Tonne, -n ....
wiegen, hat gewogen ....
die Zählwaage, -n ....
zulässig ....

5 Formen und Maße

1 **Schreiben Sie die Wörter richtig.**

1 länglich (lichläng) 2 .... (ckige) 3 .... (chfla) 4 .... (ndru)

5 .... (tischquadra) 6 .... (sigflüs) 7 .... (förmiggas)

8 .... (rechtwaage) 9 .... (rechtsenk)

2 **Ergänzen Sie.**

das Außenmaß | die Breite | die Höhe | ~~das Innenmaß~~ | die Länge

die Abmessungen / die Maße

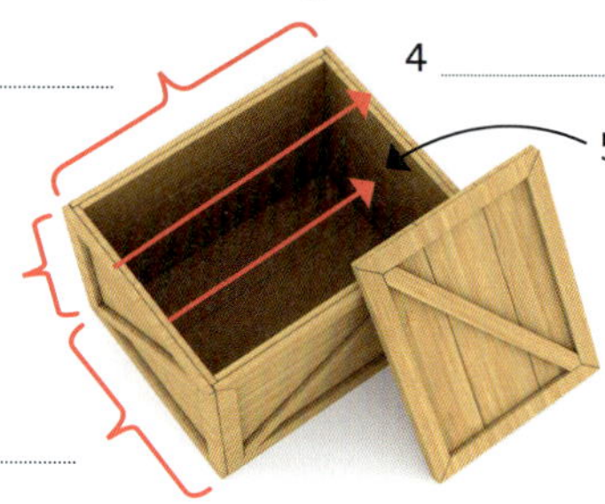

1 ....

2 ....

3 ....

4 ....

5 das Innenmaß

3 **Bilden Sie Wörter und ergänzen Sie.**

~~Ab~~ | Brei | Innen | Kubik | maß | ~~mes~~ | meter | ~~sung~~ | te

1 die Abmessung – das Außenmaß – das ....

2 der Meter (m) – der Quadratmeter (m^2) – der .... (m^3)

3 die Länge – die .... – die Höhe

4 a **Finden Sie noch vier Adjektive. Markieren Sie.**

QIUFLACHLNSQVACNECKIGMDSHWAAGERECHTNVGRAGASFÖRMIGBSQHSENKRECHTMCLA

b **Welche Wörter aus a passen? Notieren Sie.**

1 nicht hoch = flach

2 horizontal = ...

3 vertikal = ...

4 nicht fest und nicht flüssig = ...

5 nicht rund = ...

5 **Schreiben Sie die Wörter richtig.**

1 Abmessungen (genunmessAb): 20-Fuß-Container
2 ______ (enmaßInn): 5,898 m lang, 2,352 m breit, 2,390 m hoch
3 ______ (Aumaßßen): 6,058 m lang, 2,438 m breit, 2,591 m hoch
4 ______ (luVomen): 33,2 5 ______ (bikKuterme)

20-Fuß-Container

6 **Ergänzen Sie die Nomen mit Artikel.**

1 abmessen – die Abmessung
2 lang – ______
3 geformt – ______
4 messen – ______
5 hoch – ______
6 breit – ______

7 **Die markierten Wörter stehen an der falschen Stelle. Korrigieren Sie. Hören Sie dann und vergleichen Sie.**

1 ◆ Wie berechne ich das Gurtmaß von einem Paket, das [a] **lang** ist? — a eckig
○ Du brauchst die Abmessungen vom Paket. Du musst also wissen, wie [b] **eckig** die längste Seite ist und du musst die Breite und die [c] **Maße** kennen. — b ______ c ______
◆ Ja, die [d] **Höhe** habe ich. — d ______
○ Gut, dann rechnest du zweimal die Höhe plus zweimal die Breite plus die längste Seite.

2 ◆ Wie berechnet man das [a] **Innenmaß** von einem Container? — a ______
○ Das ist nicht so schwierig. Du brauchst das [b] **Volumen** vom Container. Dann rechnest du Länge mal [c] **Kubikmetern** mal Höhe. Dann notierst du alles in [d] **Breite** – also „m hoch drei". — b ______ c ______ d ______

8 **Berechnen Sie das Gurtmaß für ein Paket mit den Abmessungen: 25 cm lang, 7 cm breit, 5 cm hoch.**

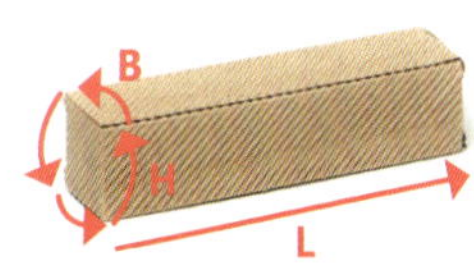

das Gurtmaß =
1 × längste Seite
+ 2 × Breite
+ 2 × Höhe

Lernwortschatz

abmessen, hat abgemessen ______
die Abmessung, -en ______
das Außenmaß, -e ______
die Breite, -n ______
eckig ______
flach ______
flüssig ______
die Form, -en ______
gasförmig ______
geformt ______
das Gurtmaß, -e ______
die Höhe, -n ______
horizontal ______
das Innenmaß, -e ______
der Kubikmeter, – ______
die Länge, -n ______
länglich ______
das Maß, -e ______
quadratisch ______
rund ______
senkrecht ______
vertikal ______
das Volumen, – ______
waag(e)recht ______

6 Aufträge abwickeln

1 Hören und ergänzen Sie. Hören Sie dann noch einmal und vergleichen Sie.

abwickeln | akquirieren | annehmen | ~~Aufträge~~ | ausführen | erledigen | Order

1 ◆ Wir brauchen mehr Aufträge. Hast du eine Idee, wie wir neue Kunden .... können?
○ Ich glaube, Werbung per Post bringt nicht so viel. Es ist am besten, wenn man persönlich mit den Menschen spricht.

2 ◆ Wie entscheidest du, ob wir einen Auftrag .... oder ablehnen?
○ Ich prüfe, ob wir den Auftrag .... können. Was brauchen wir, wenn wir den Auftrag .... wollen? Haben wir genug Personal für die Abwicklung? Und: Können wir ihn pünktlich ....? Wenn das geht, dann nehmen wir die .... natürlich an.

2 Finden Sie noch sechs Wörter und ergänzen Sie.

V	M	N	W	L	B	F	P	T
K	A	S	S	I	E	R	E	N
O	B	T	K	L	R	A	Z	A
S	X	A	G	R	E	N	M	C
T	Y	N	B	F	C	K	K	H
E	B	D	X	V	H	A	G	N
N	M	G	S	Z	N	T	H	A
F	R	E	I	Q	E	U	V	H
Q	N	L	D	C	N	R	X	M
F	T	D	J	R	W	K	Y	E

1 Bei der Nachnahme bezahlt der Empfänger die Ware, wenn er sie bekommt. Dann muss der Paketbote, der die Waren liefert, den Rechnungsbetrag ....

2 Mit einem Kostenvergleich kann man ...., welches Angebot besonders kostengünstig ist.

3 Ein Unternehmen soll etwas transportieren und muss länger auf die Güter warten als geplant. Dann bekommt das Unternehmen mehr Geld, als man vorher vereinbart hat. Man nennt das ....

4 Früher hieß Frankatur, dass man die .... für den Transport im Voraus (= vor dem Transport) bezahlt. Heute spricht man von ...., wenn man vereinbart, wer die Transportkosten bezahlt: der Absender oder der Empfänger.

5 Wenn man eine Ware „unfrei“ verschickt, muss der Empfänger die Transportkosten bezahlen. „....................“ bedeutet, dass der Absender die Kosten für den Transport trägt.

3 Ergänzen Sie.

1 ausführen – die Ausführung
2 frankieren – ....
3 .... – die Berechnung
4 .... – die Akquisition
5 abwickeln – ....
6 .... – die Erledigung

4 Bilden Sie Wörter.

1 der Auftrag + s + die Ausführung = die Auftragsausführung
2 die Kosten + der Vergleich = ……
3 stehen + das Geld = ……
4 der Auftrag + s + die Abwicklung = ……

5 Finden Sie drei Paare (Gegensätze).

~~frei~~ ~~kostengünstig~~ mündlich schriftlich teuer unfrei

1 frei und ……
2 kostengünstig und ……
3 ……

6 Was passt nicht? Streichen Sie.

1 einen Auftrag / eine Order annehmen – ~~teilnehmen~~ – ablehnen
2 einen Auftrag herstellen – erledigen – abwickeln
3 neue Kunden gewinnen – akquirieren – gehören
4 ein Paket abfahren – frankieren – transportieren
5 eine Gebühr berechnen – liefern – kassieren

7 Ergänzen Sie = oder ≠.

1 der Auftrag = die Order
2 schriftlich …… mündlich
3 annehmen …… ablehnen
4 erledigen …… abwickeln
5 kassieren …… bezahlen
6 verlieren …… akquirieren
7 nicht teuer …… kostengünstig
8 frankieren …… freimachen (Briefmarke)

8 Machen Sie ein Wörternetz zum Thema Geld im Bereich Lager und Transport.

Lernwortschatz

ablehnen, hat abgelehnt ……
abwickeln, hat abgewickelt ……
die Abwicklung, -en ……
akquirieren, hat akquiriert ……
die Akquisition, -en ……
annehmen, hat angenommen ……
……
der Auftrag, ¨-e ……
ausführen, hat ausgeführt ……
die Ausführung, -en ……
berechnen, hat berechnet ……
erledigen, hat erledigt ……
die Frankatur, -en ……
frankieren, hat frankiert ……
frei ……
freimachen, hat freigemacht ……
kassieren, hat kassiert ……
kostengünstig ……
der Kostenvergleich, -e ……
mündlich ……
die Nachnahme, -n ……
die Order, -s ……
das Standgeld (Sg.) ……
unfrei ……

7 Zeitliche Abläufe

1 Hören Sie. Ergänzen Sie dann die Wörter. Hören Sie dann noch einmal und vergleichen Sie.

Basiszeit | Greifzeit | ~~Kommissionierzeit~~ | Pufferzeit | Totzeit | Verteilzeit | Wegzeit

1 die Kommissionierzeit: die Zeit, die man voraussichtlich für alle Abläufe beim Kommissionieren braucht (Kommissionieren = Waren für einen Auftrag in einem Lager zusammenstellen)
2 ……………: die Zeit, die man für die Organisation braucht
3 ……………: die Zeit, die man für die Wege im Lager braucht
4 …………… (auch: Entnahmezeit): die Zeit, die man braucht, wenn man die Ware aus dem Regal holt
5 ……………: die Zeit, die man für andere Arbeiten braucht (zum Beispiel Artikel suchen und kontrollieren, Etiketten machen)
6 ……………: die Zeit, in der man nicht arbeiten kann, weil man zum Beispiel auf ein Fahrzeug wartet oder weil man zur Toilette muss
7 ……………: der Zeitraum zwischen zwei Arbeitsschritten; man plant einen Puffer ein, damit man auf jeden Fall pünktlich ist

2 a Lesen Sie und schreiben Sie die Wörter richtig.

first in – first out (FIFO) / last in – first out (LIFO): beschreibt die [1] zeitliche (lichezeit) [2] …………… (folgeReihen), in der Güter in ein Lager kommen und ein Lager wieder verlassen. Von „first in – first out" spricht man, wenn die Güter, die zuerst ins Lager gekommen sind, das Lager auch zuerst wieder verlassen. Von „last in – first out" spricht man, wenn die Güter, die zuletzt ins Lager gekommen sind, das Lager zuerst verlassen.

just in time / just in sequence: beschreibt eine Regel für den zeitlichen [3] …………… (laufAb) von Transport oder Lieferung. Bei „just in time" kommt die richtige Ware in der richtigen Menge zur richtigen Zeit an. Damit spart der Empfänger die Kosten für einen Lagerplatz. Bei [4] …………… (krizeittischen) Aufträgen ist es aber ein großes Problem, wenn die Ware zu spät kommt. Bei „just in sequence" passt die Reihenfolge der Lieferung genau zu den Arbeitsschritten in einem Betrieb.

b Lesen Sie noch einmal und ergänzen Sie.

first in – first out | last in – first out

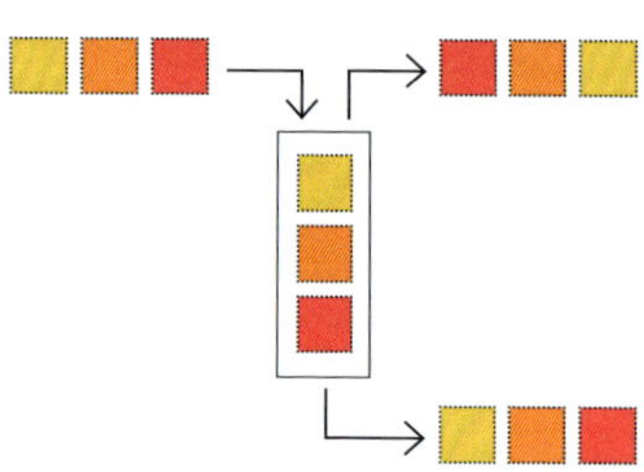

1 ……………

2 ……………

3 Ergänzen Sie = oder ≠.

1 dringend … zeitkritisch
2 ausreichend … genug
3 voraussichtlich … wahrscheinlich
4 zeitlicher Ablauf … technischer Ablauf

4 **Bilden Sie Wörter. Notieren Sie auch die Artikel.**

1 entnehmen + die Zeit = die Entnahmezeit
2 greifen + die Zeit = ...
3 liefern + die Frist = ...
4 der Puffer + die Zeit = ...
5 der Weg + die Zeit = ...

5 **Was passt zusammen? Verbinden Sie.**

1 die Verfolgung eines Ablaufs / das Tracking und Tracing
2 die Lieferzeit / die Lieferfrist
3 die Reihenfolge / der Ablauf

A 

B 

C 

6 **Was passt? Kreuzen Sie an.**

1 ◆ Wie plant das Unternehmen? Wann soll die Ware da sein?
○ ◯ First in – first out. ☒ Just in time.
2 ◆ Ist der Auftrag eilig? Müssen wir uns beeilen?
○ Ja, der Auftrag ist ◯ ausreichend. ◯ zeitkritisch.
3 ◆ Wann kommt die Ware an?
○ Morgen Vormittag. ◯ Voraussichtlich. ◯ Zeitlich um 10 Uhr.
4 ◆ Wie ist die Reihenfolge? Wann soll was passieren?
○ Der ◯ mündliche ◯ zeitliche Ablauf sieht so aus: ...

7 **Erklären Sie einem Freund / einer Freundin, was die Wörter bedeuten.**

Kommissionierzeit = Basiszeit + Wegzeit + Greifzeit + Totzeit + Verteilzeit

Lernwortschatz

der Ablauf, ¨-e ....
ausreichend ....
die Basiszeit, -en ....
die Entnahmezeit, -en ....
first in – first out ....
die Greifzeit, -en ....
just in sequence ....
just in time ....
die Kommissionierzeit, -en ....
last in – first out ....
die Lieferfrist, -en ....
die Lieferzeit, -en ....
die Pufferzeit, -en ....
die Reihenfolge, -n ....
die Totzeit, -en ....
das Tracking and Tracing (Sg.) ....
die Verfolgung, -en ....
die Verteilzeit, -en ....
voraussichtlich ....
die Wegzeit, -en ....
zeitkritisch ....
zeitlich ....

8 Transportgüter

1 **Bilden Sie Wörter mit *-güter* / *-Güter*.**

~~A-~~ Dual-Use- Flüssig- Massen- Stück- Transport-

A-Güter, ...

....

2 **Ordnen Sie die Wörter aus Aufgabe 1 zu.**

1 Güter, die man mit Fahrzeugen an einen anderen Ort bringt, nennt man Transportgüter.
2 Güter, die man in flüssigem Zustand transportiert, heißen ....
3 Güter, die man gut in großer Menge transportieren kann, heißen ....
4 Güter, die man gut einzeln transportieren kann, nennt man ....
5 Güter, die im Lager wenig Platz brauchen, aber teuer sind, nennt man .... Es gibt auch B-Güter und C-Güter.
6 Güter, die man auch militärisch (also zum Beispiel für einen Krieg) nutzen kann, heißen ....

3 **Hören Sie und beschriften Sie dann die Bilder.**

braune Ware
die Drittlandsware
~~sensible Ware~~
weiße Ware

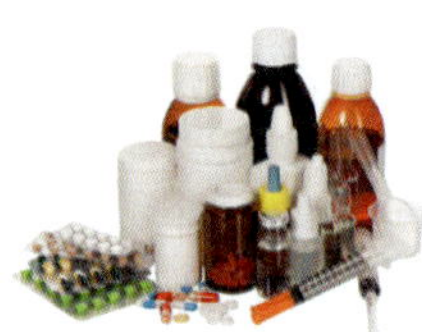

1 sensible Ware

2 ....

3 ....

4 ....

4 **Schreiben Sie die Wörter richtig.**

1 Der Cargo (goCar) ist ein anderes Wort für Transportgut oder .... (dungLa).
2 Ein .... (stückPack) ist ein Teil, das transportiert wird. Das kann zum Beispiel ein Paket oder ein Container sein.
3 Zu einer .... (geChar) gehören alle Waren, die man im selben Produktionsprozess hergestellt hat.
4 Man kann das .... (gutportTrans) auch Fracht nennen. Man nennt aber auch das Geld, das man für den Transport bezahlt, Fracht.

5 Was passt zusammen? Verbinden Sie.

1 das Massen — B gut
2 das Pack
3 die Kühl
4 das Elektro
5 das Mindesthaltbarkeits

A kette
B gut
C gerät
D datum
E stück

6 Was passt? Umkreisen Sie.

Für die [1] (Lagerung) – Fracht – Drittlandsware und den Transport von [2] weißen – sensiblen – braunen Waren gibt es Regeln. Milch soll man bei einer [3] Charge – Ladung – Temperatur von 8 Grad lagern und transportieren. Wenn das nicht passiert, heißt das, dass die Kühlkette [4] unterbrochen – tiefgekühlt – sensibel ist. Dann kann zum Beispiel das [5] Flüssiggut – Mindesthaltbarkeitsdatum – Packstück nicht mehr stimmen.

7 Ergänzen Sie die Buchstaben.

1 Bitte beachten Sie das M [i] [n] d [ ] [ ] [ ] h [ ] [ ] [ ] b [ ] [ ] keitsd [ ] [ ] [ ] m.

2 Bei welcher T [ ] [ ] p [ ] [ ] [ ] t [ ] [ ] soll die Ware lagern?

3 Wie ist die Nummer der Ch [ ] [ ] g [ ] ?

8 Mit welcher Art von Gütern und Waren arbeiten Sie oft? Machen Sie eine Hitliste.

Lernwortschatz

das A-Gut, ¨-er ....
braune Ware, -n ....
der Cargo, -s ....
die Charge, -n ....
die Drittlandsware, -n ....
das Dual-Use-Gut, ¨-er ....
das Elektrogerät, -e ....
das Flüssiggut, ¨-er ....
die Fracht (Sg.) ....
die Kühlkette, -n ....
die Ladung, -en ....
das Massengut, ¨-er ....
das Mindesthaltbarkeitsdatum, -daten (MHD) ....
....
das Packstück, -e ....
die sensible Ware, -n ....
das Stückgut, ¨-er ....
die Temperatur, -en ....
tiefgekühlt ....
das Transportgut, ¨-er ....
unterbrechen, hat unterbrochen ....
....
die Ware, -n ....
weiße Ware, -n ....

9 Gefährliche Güter

1 **Lesen Sie den Text. Beschriften Sie die Zeichen mit den markierten Wörtern.**

Es gibt viele Schilder und Zeichen als Warnung vor Gefahren.
Das Warnzeichen zeigt, dass es eine Gefahr gibt. Es ist dreieckig, innen gelb und außen schwarz. Es ist eine Warnung zum Beispiel vor gefährlichen Stoffen und Gegenständen, vor Feuer oder einer Explosion.
Die Warntafel nennt den Gefahrstoff. Das Schild ist rechteckig, innen orange und außen schwarz. Oft stehen Zahlen darauf.
Der Gefahrzettel zeigt, aus welcher Klasse ein Gefahrstoff oder das Gefahrgut ist. Der Zettel ist quadratisch und steht auf einer Spitze. Der Zettel kann unterschiedliche Farben haben. Jede Gefahrgutklasse hat eine andere Farbe.
Das Verbotszeichen zeigt, was man nicht machen darf. Es ist rund, außen rot und innen weiß.
Die Vorsichtsmarkierung zeigt, dass man mit einer Ware vorsichtig sein muss. Diese Markierung gibt es zum Beispiel bei zerbrechlichen Waren oder bei Waren, die man vor Nässe oder Hitze schützen soll.

1  das Verbotszeichen

2  ....

3  ....

4  ....

5 

....

2 **Wie kann man das auch sagen?**

1 ein gefährlicher Stoff
2 eine gefährliche Ware, die transportiert wird
3 Licht aus Gaslampen
4 ein Hinweis auf eine Gefahr

A das offene Licht
B der Gefahrstoff
C die Warnung
D das Gefahrgut

3 **Was passt? Umkreisen Sie.**

1  2  3  4  5  6 

1 Allgemeines Verbotszeichen – Warnzeichen
2 Warnung vor ätzenden – entzündbaren Stoffen
3 Warnung vor explosiven – giftigen Stoffen
4 Warnung vor feuergefährlichen – zerbrechlichen Stoffen
5 Warnung vor selbstentzündlichen – radioaktiven Stoffen
6 Warnung vor explosionsgefährlichen – giftigen Stoffen

4 Ergänzen Sie die Nomen mit Artikel.

1 explosionsgefährlich – die Explosionsgefahr
2 gefährlich – ....
3 nass – ....
4 heiß – ....
5 explosiv – ....

5 Schreiben Sie die Wörter richtig.

1 Gefahrgutklasse 1: explosive (ploexvesi) Stoffe
2 Gefahrgutklasse 2: .... (rebazündent) Gase
3 Gefahrgutklasse 4: .... (entlicheselbstzünd) Stoffe
4 Gefahrgutklasse 6: .... (tigifge) Stoffe
5 Gefahrgutklasse 7: .... (akrativedio) Stoffe
6 Gefahrgutklasse 8: .... (zenätde) Stoffe

6 Ergänzen Sie die Buchstaben.

1 F[e][v]er, offenes Licht und R[ ][ ]chen verboten
2 Vorsicht z[ ][ ]br[ ][ ][ ]lich!
3 Vor Nässe sch[ ]tz[ ]n
4 Oben! Ni[ ][ ]t stürzen!
5 Vor H[ ]tz[ ] [ ][ ][ ]ütz[ ][ ]

1

2

3

4

5

7 Mit welchen Gefahrgütern oder Gefahrstoffen haben Sie oft Kontakt? Wie sehen die Warnzeichen oder Gefahrenzettel dazu aus? Zeigen und berichten Sie.

Lernwortschatz

ätzend ....
entzündbar ....
die Explosion, -en ....
die Explosionsgefahr, -en ....
explosionsgefährlich ....
explosiv ....
das Feuer, – ....
feuergefährlich ....
die Gefahr, -en ....
das Gefahrgut, ¨-er ....
die Gefahrgutklasse, -n ....
der Gefahrstoff, -e ....
der Gefahrzettel, – ....
giftig ....
die Hitze (Sg.) ....
die Nässe (Sg.) ....
das offene Licht (Sg.) ....
radioaktiv ....
schützen, hat geschützt ....
selbstentzündlich ....
das Verbotszeichen, – ....
die Vorsichtsmarkierung, -en ....
die Warntafel, -n ....
die Warnung, -en ....
das Warnzeichen, – ....
zerbrechlich ....

10 Arbeitsschutz

1 a Finden Sie noch fünf Wörter und ergänzen Sie.

BPZKARBEITSSCHUTZGESETZYXQSBETRIEBSSICHERHEITHJAVBM
UNFALLVERHÜTUNGSVORSCHRIFTENTKMCQSCHUTZAUSRÜSTUNGYBX
ZLPBRANDSCHUTZZEICHENHSMYNBCSICHERHEITSABSTANDMNY

1 Das Arbeitsschutzgesetz (ASG) ist ein Gesetz zum Thema Arbeitsschutz. Es soll die Arbeit sicherer machen und die Gesundheit der Menschen bei der Arbeit schützen.
2 Beim Thema .... geht es um die Sicherheit an einem Arbeitsort – zum Beispiel in einem Lager, in einer Werkstatt oder in einem Büro.
3 Die .... sind Regeln für die Sicherheit am Arbeitsort. Durch diese Vorschriften sollen weniger Unfälle passieren und die Menschen bei der Arbeit gut geschützt sein.
4 Die Persönliche .... (PSA) sind Mittel, die Menschen bei der Arbeit vor Gefahr schützen (zum Beispiel Schutzhelm, Schutzbrille, Sicherheitsschuhe oder Handschuhe).
5 .... sind Zeichen oder Schilder für den Brandschutz. Sie helfen bei der Unfallverhütung in Betrieben. Sie sind rechteckig und rot. Sie zeigen zum Beispiel, wo es Feuerlöschgeräte oder Löschschläuche gibt.
6 Der .... hilft bei der Unfallverhütung. Man soll zum Beispiel nicht zu nah an einer Maschine stehen, wenn sie läuft.

b Was passt zusammen? Ordnen Sie die passenden Texte aus a zu.

A 5 

B .... 

C .... 

2 Bilden Sie Wörter und schreiben Sie sie mit Artikel.

1 der Brandschutz + das Zeichen = das Brandschutzzeichen
2 das Feuer + löschen + das Gerät = ...
3 löschen + der Schlauch = ...
4 der Arbeitsschutz + das Gesetz = ...
5 der Betrieb + s + die Sicherheit = ...

3 Verbinden Sie die Schutzkategorien mit den passenden Schutzausrüstungen.

1 der Gehörschutz
2 der Kopfschutz
3 der Augenschutz
4 der Körperschutz
5 der Fuß- und Beinschutz
6 der Hand- und Armschutz

A der Schutzhelm
B der Schutzanzug
C der Sicherheitsschuh
D der Kopfhörer
E der Handschuh
F die Schutzbrille

4 Ergänzen Sie.

1 Hier braucht man einen Augenschutz.

2 Hier soll man einen Helm als K……… schutz tragen.

3 Hier braucht man Kopfhörer als G……… schutz.

4 Hier soll man eine A……… maske tragen.

5 Hier soll man S……… er……… sschuhe tragen.

6 Hier soll man H……… schuhe tragen.

7 Hier soll man einen Schutzan……… tragen.

8 Hier braucht man einen G……… sschutz

5 Lösen Sie das Rätsel.

1 Das schützt Hände und auch Arme: ein …
2 Das braucht man bei Feuer: einen …
3 Das schützt die Ohren und das Gehör: ein …
4 Eine Brille ist ein …
5 Das schützt vor gefährlichen Stoffen in der Luft: eine …
6 Das schützt den Kopf: ein …

6 Welche Wörter mit *Schutz* kennen Sie noch? Ergänzen Sie.

7 Was gehört zu Ihrer Persönlichen Schutzausrüstung? Beschreiben Sie.

Lernwortschatz

der Arbeitsschutz (Sg.) ………
das Arbeitsschutzgesetz, -e (ASG) ………
der Armschutz (Sg.) ………
die Atemmaske, -n ………
der Augenschutz (Sg.) ………
der Beinschutz (Sg.) ………
die Betriebssicherheit (Sg.) ………
das Brandschutzzeichen, – ………
das Feuerlöschgerät, -e ………
der Fußschutz (Sg.) ………
der Gehörschutz (Sg.) ………
der Gesichtsschutz (Sg.) ………

der Handschuh, -e ………
der Kopfhörer, – ………
der Kopfschutz (Sg.) ………
der Körperschutz (Sg.) ………
der Löschschlauch, ¨-e ………
die Persönliche Schutzausrüstung, -en (PSA) ………
die Schutzausrüstung, -en ………
der Schutzhelm, -e ………
der Sicherheitsabstand, ¨-e ………
die Unfallverhütung (Sg.) ………
die Unfallverhütungsvorschrift, -en ………

11 Verpackungen

1 **Bilden Sie Wörter mit *-verpackung* und ordnen Sie zu.**

Außen- Blister- Display- Innen- Verkaufs-

1 Kartons und Kisten, mit denen man eine Ware verpacken kann, nennt man Umverpackung oder auch ______________________.

2 Das Material, das die Ware zum Beispiel in einen Karton schützt und polstert, nennt man ______________________.

3 Die ______________________ nennt man den Teil der Verpackung, den man als Käufer zum Beispiel im Supermarkt kauft und mitnimmt – zum Beispiel den Karton bei der Milch.

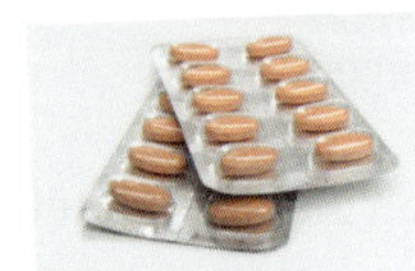

4 Eine ______________________ nennt man auch Sichtverpackung, weil man bei ihr den Inhalt sehen kann. Man benutzt sie zum Beispiel bei Medikamenten.

5 Eine ______________________ schützt die Ware nicht nur beim Transport. In dieser Verpackung kann man die Ware gut für den Verkauf präsentieren.

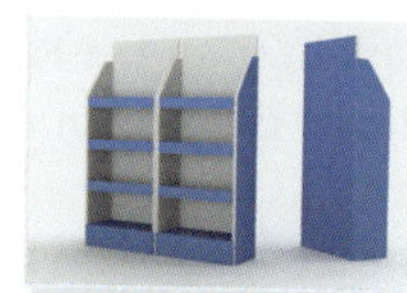

2 **Was passt zusammen? Verbinden Sie.**

1 Wenn man eine Displayverpackung benutzt,
2 Wenn man eine Blisterverpackung benutzt,
3 Wenn eine Umverpackung beschichtet ist,
4 Wenn man Ware unverpackt transportiert,
5 Wenn eine Box zusammenklappbar ist,
6 Wenn man Behälter stapeln kann,

A bekommt sie leichter Schäden.
B kann man mehr transportieren.
C kann man darin die Ware in einem Geschäft präsentieren.
D braucht sie leer wenig Platz.
E kann man die Ware von außen sehen.
F ist sie wasserabweisend oder sogar wasserdicht.

3 **Was passt zusammen? Verbinden Sie.**

A 

B 

C 

1 der Sack 2 der Beutel 3 der Drehstapelbehälter

4 **Was passt? Umkreisen Sie. Hören Sie dann und vergleichen Sie.**

Welche Vorteile haben Drehstapelbehälter?

Drehstapelbehälter kann man sehr gut bei der [1] Lagerung – Verpackung und beim Transport verschiedener Waren und Produkte [2] benutzen – verpacken. Man kann mehrere [3] Boxen – Säcke [4] stapeln – zusammenklappen. Wenn die Behälter [5] beschichtet – leer sind, kann man sie zusammenstellen. So spart man viel Platz.

5 Schreiben Sie die Wörter richtig.

1 Diese Verpackung schützt ein bisschen vor Wasser. = Diese Verpackung ist ______________________ (weisendabwasser).
2 Mit dieser Umverpackung kann die Ware nicht nass werden. = Diese Umverpackung ist ______________________ (serdichtwas).
3 Für den Transport braucht die Ware eine Verpackung. = Für den Transport muss die Ware ______________________ (packtver) sein.
4 Einige Geschäfte verkaufen die Ware ohne Verpackung. = Einige Geschäfte verkaufen die Ware ______________________ (verunpackt).
5 Die Verpackung hat einen besonderen Schutz. = Die Verpackung ist ______________________ (tetschichbe).
6 Die Behälter kann man stapeln. = Die Behälter sind ______________________ (barstapel).
7 Die Box kann man zusammenklappen. = Die Box ist ______________________ (klappsammenzubar).

6 a Was passt nicht? Streichen Sie.

1 Verpackung für nicht flüssige Produkte: der Beutel – die Flasche – der Sack
2 Verpackung, die man im Geschäft mitkauft: die Verkaufsverpackung – die Blisterverpackung – die Displaypackung
3 Behälter für den Transport: die Absackanlage – der Drehstapelbehälter – die Box

b Beschriften Sie das Bild mit einem Wort aus a.

____

7 Welche Vorteile haben Displayverpackungen, Blisterverpackungen, Innenverpackungen und Drehstapelbehälter? Machen Sie Notizen.

Lernwortschatz

die Absackanlage, -n ______________________
die Außenverpackung, -en ______________________
der Behälter, – ______________________
beschichtet ______________________
der Beutel, – ______________________
die Blisterverpackung, -en ______________________
die Box, -en ______________________
die Displayverpackung, -en ______________________
____
der Drehstapelbehälter, – ______________________
die Innenverpackung, -en ______________________
der Sack, ¨-e ______________________
stapeln, hat gestapelt ______________________
stapelbar ______________________
die Umverpackung, -en ______________________
unverpackt ______________________
die Verkaufsverpackung, -en ______________________
verpacken, hat verpackt ______________________
verpackt ______________________
die Verpackung, -en ______________________
wasserabweisend ______________________
wasserdicht ______________________
zusammenklappen ______________________
zusammenklappbar ______________________

12 Material für Verpackungen

1 **Welche Wörter hören Sie? Kreuzen Sie an.**

1 ○ das Metall

2 ○ das Aluminium

3 ○ das Papier

4 ○ das Holz

5 ○ die Pappe

6 ○ das Ölpapier

7 ○ die Wellpappe

8 ○ der Kunststoff

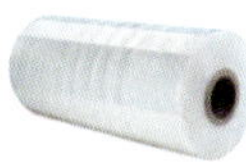

9 ○ die Folie

10 ○ das Styropor

11 ○ der Schaumstoff

2 **Ergänzen Sie.**

Aluminium | Holz | Kunststoff | Kunststoff | Schaumstoff | Pappe | ~~Pappe~~ | Wellpappe

1 

2 

3 

4 

5 

6 

7 

8 

1 die Faltschachtel aus Pappe ....
2 das Rohr aus ....
3 die Kiste aus ....
4 der Kanister aus ....
5 die Rolle aus ....
6 der Karton aus ....
7 das Fass aus ....
8 die Rolle aus ....

3 **Was passt zusammen? Verbinden Sie.**

1 die Holz	A pappe
2 der Kunst	B gerät
3 die Well	C papier
4 das Öl	D stoff
5 das Folienabroll	E kiste

4 Was passt nicht? Streichen Sie.

1 rund: das Fass – das Rohr – die Rolle – der Karton
2 eckig: die Kiste – die Folie – die Faltschachtel – der Karton
3 Metalle: das Aluminium – das Styropor – das Gold
4 aus Pappe: die Schachtel – der Karton – das Folienabrollgerät

5 Lösen Sie das Rätsel.

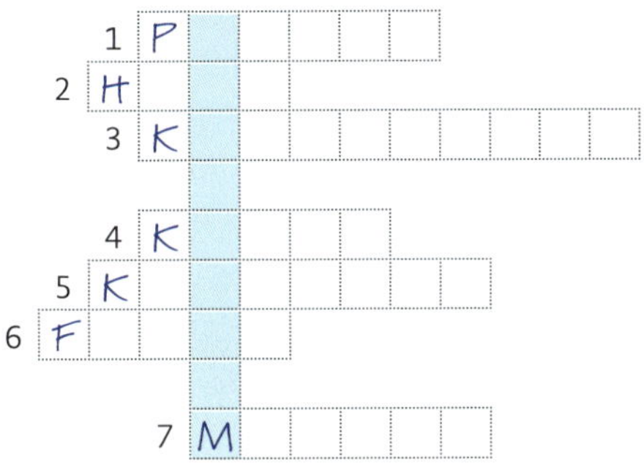

1 Zeitschriften und Bücher haben Seiten aus ...
2 Viele Möbel sind aus ... (Material aus dem Wald).
3 Plastik heißt auch ...
4 In einer ... kann man Waren lagern oder transportieren.
5 Benzin kann man in kleine Mengen in einem ... transportieren.
6 Sehr dünnes Material zum Beispiel aus Kunststoff, das man auch in der Küche zum Verpacken braucht, nennt man ...
7 Gold ist ein sehr teures ....

6 Bilden Sie Wörter und ergänzen Sie.

Fo le lie Öl pa pap pe pier por ro Rol Sty Well

1 Mit .... kann man Waren in einem Karton schützen.
2 Man kann Güter schützen, wenn man sie in .... einpacken.
3 Papier kann man gut in einer .... aus Pappe transportieren.
4 Metalle, die man vor Nässe schützen möchte, kann man in .... verpacken.
5 .... ist ein leichtes und stabiles Material für Kartons.

7 Aus welchen Materialien sind die Gegenstände, mit denen Sie arbeiten? Machen Sie eine Liste.

Lernwortschatz

das Aluminium (Sg.) ....
die Faltschachtel, -n ....
das Fass, ¨-er ....
die Folie, -n ....
das Folienabrollgerät, -e ....
....
das Holz, ¨-er ....
die Holzkiste, -n ....
der Kanister, – ....
der Karton, -s ....
die Kiste, -n ....

der Kunststoff, -e ....
das Metall, -e ....
das Ölpapier, -e ....
das Papier, -e ....
die Pappe, -n ....
das Rohr, -e ....
die Rolle, -n ....
die Schachtel, -n ....
der Schaumstoff, -e ....
das Styropor (Sg.) ....
die Wellpappe, -n ....

13 Polstern und Füllen

1 Finden Sie fünf Verben und ordnen Sie zu.

PHKCISCHÜTZENLFDYNNDPOLSTERNBSGQFÜLLENLQKQQIBCÖKLEBENMNQHYWICKELNTZAFCJ

1 etwas voll machen = etwas ....
2 etwas vor Gefahr sichern = etwas ....
3 etwas um einen Gegenstand legen = etwas ....
4 etwas mit weichem Material sichern = etwas ....
5 etwas verbinden, sodass es zusammenhält = etwas ....

2 a Bilden Sie Wörter und schreiben Sie sie mit Artikel.

1 das Holz + die Wolle = ...
2 das Papier + die Wolle = ...
3 der Schaum + das Polster = ...
4 kleb~~en~~ + der Stoff = ...
5 die Luft + das Polster = ...
6 das Luftpolster + die Folie = ...

b Welches Wort aus a passt? Notieren Sie die Ziffer.

A ....

B ....

C ....
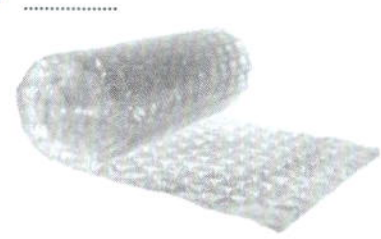

D ....

3 Schreiben Sie die Wörter richtig.

1 der ....
.... (schutzKanten)

2 die ....
(wolHolzle)

3 das ....
(bebandKle)

4 das ....
(polsLuftter)

5 die ....
(urSchn)

6 die Verpackungs-
.... (pschi)

7 der ....
(schutzEcken)

8 das ....
....
(bandUmreifungs)

4 Was passt nicht? Streichen Sie.

1 polstern: das Umreifungsband – das Luftpolster – das Schaumpolster
2 kleben: der Klebstoff – die Luftpolsterfolie – das Klebeband
3 füllen: der Chip – die Schnur – die Papierwolle – das Füllmittel
4 schützen: der Kantenschutz – der Eckenschutz – das Glas

5 Ergänzen Sie.

Füllmenge im Paket		Schutz an der Ware		Material zum Schließen	
1	die Ho……w……	4	der Ka……sch……	7	die Schn……
2	die Pa……w……	5	der Eck……sch……	8	das Umr……b……
3	das L……p……er	6	das Sch……p……er	9	das Kl……b……

6 Die markierten Wörter stehen an der falschen Stelle. Korrigieren Sie.

Welche Füllmittel benutze ich, wenn ein Paket nicht voll ist?
Da gibt es viele Möglichkeiten. Sie können Holz- oder
[1] Kantenschutz nehmen oder kleine [2] Luftpolsterfolie — 1 ……
aus Schaumstoff oder Styropor. — 2 ……

Ich möchte keinen Klebstoff benutzen. Wie schließe ich ein Paket sicher?
Entweder Sie kleben das Paket mit einem [3] Schaumpolster zu oder – — 3 ……
das klappt auch gut – Sie benutzen [4] Chips zum Schließen. — 4 ……

Wie kann ich einen Spiegel beim Transport polstern und schützen?
Ein Ecken- oder [5] Klebeband aus Styropor ist dafür gut. Sie können — 5 ……
den Spiegel zusätzlich in [6] Umreifungsband einwickeln. Zum Schutz — 6 ……
eignen sich auch [7] Papierwolle – Schaumstoff polstert sehr gut! — 7 ……

7 Mit welchen Mitteln kann man Ware polstern und schützen? Nennen Sie Beispiele für verschiedene Waren oder Transportarten.

Lernwortschatz

der Chip, -s ……
der Eckenschutz (Sg.) ……
füllen, hat gefüllt ……
das Füllmittel, – ……
die Holzwolle (Sg.) ……
der Kantenschutz (Sg.) ……
das Klebeband, ¨-er ……
kleben, hat geklebt ……
der Klebstoff, -e ……
das Luftpolster, – ……
die Luftpolsterfolie, -n ……
die Papierwolle (Sg.) ……
polstern, hat gepolstert ……
das Schaumpolster, – ……
die Schnur, ¨-e ……
schützen, hat geschützt ……
das Umreifungsband, ¨-er ……
wickeln, hat gewickelt ……

14 Schrumpfen und Stretchen

1 Schreiben Sie die Wörter richtig.

1 Was unverpackt ist, ist .... (selo).
2 Was man mit Kraft länger machen kann, ist .... (bardehn).
3 Was sich bewegen kann, ist .... (wegbelich).
4 Was sich nicht bewegen kann und unflexibel ist, ist .... (arrst).
5 Was stark, fest und sicher ist, ist .... (bilsta).
6 Was dehnbar ist, aber seine Form nicht dauerhaft verändert, ist .... (tischelas).
7 Woran man ziehen kann, ohne dass es kaputt geht (z. B. Papier), ist .... (festreiß).

2 Ergänzen Sie ≈ oder ≠.

1 stabil	≈	stark	≈	kräftig	5 elastisch	......	unflexibel
2 lose	......	nicht verpackt			6 dehnbar	......	elastisch
3 starr	......	beweglich			7 reißfest	......	mobil
4 mobil	......	beweglich			8 fest	......	lose

3 Hören Sie und ergänzen Sie dann.

Begasung | Hängeversand | Leergut | Packgut | Packmittel | Packstoff

1 Alles, was man für den Transport und die Verpackung braucht (zum Beispiel Kisten, Kartons, Boxen oder Behälter, aber auch Schrumpffolien und Stretchfolien), nennt man .... Es gibt Außen- und Innenpackmittel.
2 Das Material, aus dem die Packmittel sind (also zum Beispiel Holz, Kunststoff oder Pappe), nennt man ....

3 Verpackungsmaterial, das man schon einmal benutzt hat, nennt man ....
4 Das Gut, das man verpacken muss, oder die Ware, die man schon verpackt hat, nennt man ....
5 Einen Transport, bei dem die Ware hängt, nennt man .... Man transportiert zum Beispiel bestimmte Kleidung so.
6 Packmittel aus frischem Holz muss man vor dem Transport im Container schützen – zum Beispiel vor Tieren oder Schimmelpilzen. Das macht man mit einer ....

4 Schreiben Sie die Wörter mit Artikel.

1 leer + das Gut
= ……………………

2 packen + der Stoff
= ……………………

3 stretchen + die Folie
= ……………………

4 hängen + der Versand
= ……………………

5 schrumpfen + die Folie
= ……………………

6 außen + packen + das Mittel
= ……………………

5 Ergänzen Sie.

Folie | Güter | Maschine | Nässe | Packgut | Schrumpfen | Schrumpfungsgeräte | ~~Stretchfolie~~

Schrumpffolie ist eine Folie aus Kunststoff, die bei Wärme kleiner wird. Die Folie schützt die [1] …………… besonders gut, weil man sie ganz eng um das [2] …………… wickeln kann. Es gibt spezielle [3] ……………, mit denen man die Folie warm macht und dann benutzt. Das nennt man dann [4] …………….
[5] Stretchfolie ist ein Packmittel, das das Packgut sichert und auch vor Schmutz und [6] …………… schützt. Die [7] …………… ist sehr dehnbar.
Man kann die Folie mit der Hand um das Packgut wickeln. Wenn man dafür eine [8] …………… benutzt, heißt das Stretchen.

6 Ergänzen Sie die Buchstaben.

1 Arten von Packmitteln: Außen- und I□□□□packmittel
2 Eigenschaften von Folie: e□□□tisch, d□□□bar und r□□□fest
3 in Folie wickeln: str□□□□en und schr□□□□en
4 Ware beim Transport schützen: H□□□□ver□□□□ und B□g□□ung

7 Erklären Sie die Wörter Packgut, Packmittel und Packstoff. Nennen Sie Beispiele.

Lernwortschatz

das Außenpackmittel, – ……………
die Begasung, -en ……………
beweglich ……………
dehnbar ……………
elastisch ……………
der Hängeversand (Sg.) ……………
das Innenpackmittel, – ……………
das Leergut, ¨-er ……………
lose ……………
das Packgut, ¨-er ……………
das Packmittel, – ……………
der Packstoff, -e ……………
reißfest ……………
schrumpfen, hat geschrumpft ……………
die Schrumpffolie, -n ……………
das Schrumpfungsgerät, -e ……………
stabil ……………
starr ……………
stretchen, hat gestretcht ……………
die Stretchfolie, -n ……………

15 Einlagern und Auslagern

1 Hören Sie und schreiben Sie die Wörter richtig.

1 ◆ Muss man hier im Lager selbst ausrechnen, wie viel Platz noch da ist?
○ Nein, natürlich nicht. Alles, was mit ________ (bedarfPlatz), Flächennutzung und Belegung zu tun hat, läuft hier ________ (maautotischvoll).

2 ◆ Können wir in diesem ________ (potDe) alle Arten von Waren aufbewahren?
○ Nein, nicht alle. Die Waren müssen natürlich so verpackt sein, dass sie ________ (fähiglager) sind. Die Verpackung braucht zum Beispiel eine bestimmte Größe.

3 ◆ Gibt es auch Lager, wo die Ein- und ________ (lageAusrung) ganz automatisch läuft? So, dass die Maschinen alles machen?
○ Das weiß ich auch nicht genau. Ich kenne nur Lager, wo einzelne Schritte bei der ________ (nahmeEnt) automatisch laufen. Man kann auch sagen: Das läuft ________ (autoteiltischma).

2 Wie kann man das auch sagen? Verbinden Sie.

1 der Ort, an dem man Waren lagert
2 eine Art von Lagerung: jeder freie Platz wird sofort wieder belegt
3 eine Art von Lagerung: Waren haben ihren festen Platz
4 wenn jemand eine Ware für eine bestimmte Zeit aufbewahrt
5 die Menge, die man in einer bestimmten Zeit ein- und ausgelagert

A die Lagerung oder die Verwahrung
B der Durchsatz oder der Lagerdurchsatz
C das Festplatzsystem
D das Lager oder das Depot
E die Freiplatzbelegung

3 Ergänzen Sie.

1 entnehmen – die Entnahme
2 belegen – die ________
3 ________ – die Lagerung
4 einlagern – die ________
5 ________ – die Auslagerung
6 ________ – die Aufbewahrung

4 Was passt? Umkreisen Sie.

1 Waren in ein Lager bringen = Waren einkaufen – einlagern – auslagern
2 Waren auslagern = Waren aus einem Lager annehmen – entnehmen – tauschen
3 einen Platz benutzen = einen Platz abgeben – belegen – beenden
4 Waren in einem Depot lagern = Waren aufbewahren – auspacken – bestätigen

5 Bilden Sie zusammengesetzte Wörter und ergänzen Sie.

1 Den Durchsatz, den ein Lager hat, nennt man auch Lagerdurchsatz.
2 Bei der Nutzung von Flächen spricht man auch von ________.
3 Ein Artikel, den man lagert, heißt auch ________.
4 Der Bedarf, den man an Platz oder Raum hat, nennt man ________.
5 Die Belegung von freien Plätzen heißt auch ________.

6 Die markierten Wörter stehen an der falschen Stelle. Korrigieren Sie.

Freiplatzbelegung: Hier lagert die [1] Verwahrung an einem freien Platz im Lager. Die [2] Ware ist damit ziemlich einfach. Man kann für die [3] Entnahme jeden freien Platz im Lager nutzen. Der Lagerdurchsatz kann so zum Beispiel sehr hoch sein. Man muss aber für die Auslagerung oder [4] Einlagerung genau erfassen, wo man die Waren aufbewahrt.

Festplatzsystem: Hier bewahrt man die Waren an einem festen Ort im [5] Flächennutzung auf. Jeder [6] Belegung bzw. jede Ware hat einen festen Platz. Bei der Einlagerung und [7] Depot gibt es also keine großen Fragen. Aber bei diesem System ist die [8] Lagerartikel im Lager nicht immer sehr gut. Das heißt: Nicht alle Plätze sind immer besetzt.

1 ....
2 ....
3 ....
4 ....
5 ....
6 ....
7 ....
8 ....

7 Ergänzen Sie das Wörternetz.

ar | Aus | ein | fähig | gern | gern | kel | la | la | lage | rung | rung | satz | ti

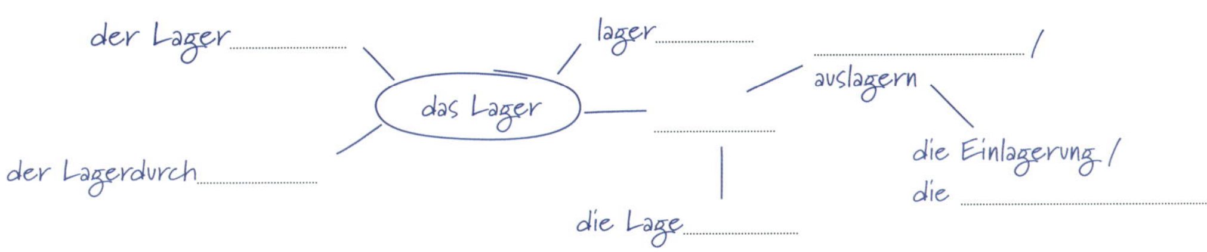

Lernwortschatz

aufbewahren, hat aufbewahrt ....
auslagern, hat ausgelagert ....
die Auslagerung, -en ....
belegen, hat belegt ....
die Belegung, -en ....
das Depot, -s ....
der Durchsatz, ¨-e ....
einlagern, hat eingelagert ....
die Einlagerung, -en ....
die Entnahme, -n ....
entnehmen, hat entnommen ....
das Festplatzsystem, -e ....
die Flächennutzung, -en ....
die Freiplatzbelegung, -en ....
das Lager, – ....
der Lagerartikel, – ....
der Lagerdurchsatz, ¨-e ....
die Lagerung, -en ....
lagerfähig ....
lagern, hat gelagert ....
der Platzbedarf, -e ....
teilautomatisch ....
die Verwahrung (Sg.) ....
vollautomatisch ....

16 Lagertypen

1 Welches Foto passt? Ordnen Sie zu.

1 ...... Ein Silolager ist ein Lagertyp, den man oft in der Landwirtschaft findet. Hier lagert man zum Beispiel Getreide.
2 ...... Ein Hochregallager ist ein Lager mit Regalen. Es ist mindestens 12 Meter hoch. Es gibt auch Hochregale, die 50 Meter hoch sind.
3 ...... Ein Freilager ist offen. Es hat kein Dach und auch keine Wände. Man benutzt es für Waren, die nicht empfindlich sind.
4 ...... Ein Durchlauflager ist ein Lager, in dem man die Waren im Regal bewegen kann. Die Waren liegen auf Rollen. Man kann sie von einer Seite zur anderen Seite schieben. Diesen Lagertyp nennt man auch Fließlager.

2 Hören Sie. Lesen Sie dann und ergänzen Sie.

Bunkerlager | Etagenlager | Handlager | Tanklager

1 Ein .... ist ein kleines Lager in einer Firma oder Werkstatt. Hier findet man Material, das man oft braucht. Das können zum Beispiel Schrauben oder Kabel sein.
2 Ein .... ist ein Lager, das mehrere Stockwerke hat. Die einzelnen Etagen sind oft mit Aufzügen oder Treppen verbunden.
3 Ein .... ist ein Lager für flüssige Güter. Das sind zum Beispiel Benzin, Milch oder Pflanzenöl.
4 Ein .... ist ein Lager für Schüttgüter, also zum Beispiel Steine oder Sand.

3 Ergänzen Sie die Buchstaben.

1 Form und Größe (Wie ist das Lager gebaut?): das [a] □ t □ g □ nl □ g □ r, das [b] Fl □ chl □ g □ r, das [c] H □ chr □ g □ ll □ g □ r, das [d] D □ rchl □ □ fl □ g □ r
2 Funktion (Wofür kann man das Lager nutzen?): das [a] □ □ sl □ □ f □ r □ ngsl □ g □ r, das [b] D □ str □ b □ t □ □ nsl □ g □ r, das [c] K □ mm □ ss □ □ nsl □ g □ r, das [d] P □ ff □ rl □ g □ r, das [e] V □ rr □ tsl □ g □ r
3 Besitzer (Wem gehört das Lager?): das [a] □ □ g □ nl □ g □ r, das [b] Fr □ mdl □ g □ r, das [c] Z □ lll □ g □ r

4 Bilden Sie Wörter mit *-lager*. Notieren Sie auch die Artikel.

die Dauer | fließen | frei | fremd | die Hand | der Tank | das Silo | der Vorrat | zentral | der Zoll

(fließ~~en~~)

....

....

....

5 Verbinden Sie.

1 So nennt man eine bestimmte Art von Eigenlager. Hier hat eine Firma nur ein Lager (in einer Region oder in einem Land) für seine Waren.
2 So nennt man ein Lager, in dem eine Firma X (= der Kommissionär) für eine Firma Y Waren aufbewahrt. Der Firma X gehört die Ware nicht. Aber sie lagert und verkauft die Waren für die Firma Y.
3 So nennt man ein Lager, in dem der Zoll Waren für eine bestimmte Zeit aufbewahrt. Die Waren bleiben in diesem Lager, bis der Zoll die Waren bearbeitet hat.
4 So nennt man ein Lager, von dem man Waren in kurzer Zeit an Kunden liefern kann.

A das Distributionslager / das Auslieferungslager
B das Kommissionslager
C das Zolllager
D das Zentrallager

6 Ergänzen Sie = oder ≠.

1 das Distributionslager ..... das Auslieferungslager
2 das Eigenlager ..... das Fremdlager
3 das Durchlauflager ..... das Fließlager
4 das Tanklager ..... das Freilager

7 Welche Lagerarten kennen Sie aus Ihrem beruflichen Alltag? Machen Sie eine Liste.

Lernwortschatz

das Auslieferungslager, – ....
das Bunkerlager, – ....
das Dauerlager, – ....
das Distributionslager, – ....
....
das Durchlauflager, – ....
das Eigenlager, – ....
das Etagenlager, – ....
das Flachlager, – ....
das Fließlager, – ....
das Freilager, – ....

das Fremdlager, – ....
das Handlager, – ....
das Hochregallager, – ....
das Kommissionslager, – ....
....
das Pufferlager, – ....
das Silolager, – ....
das Tanklager, – ....
das Vorratslager, – ....
das Zentrallager, – ....
das Zolllager, – ....

17 Arten der Lagerung

1 **Lesen Sie den Text und ergänzen Sie die markierten Wörter.**

Zwei Arten der Lagerung

Bei der Lagerung unterscheidet man zwei Typen: die Regallagerung und die Bodenlagerung. Bei der Regallagerung liegt die Ware in Regalen. Bei der Bodenlagerung stellt man die Ware direkt auf den Boden.

Regallager

Es gibt zwei Typen der Regallagerung. Man nennt sie statisch und dynamisch. Bei der statischen Lagerung können sich die Regale nicht im Raum bewegen und auch die Waren liegen an einem festen Platz in den Regalen. Bei der dynamischen Lagerung können sich die Regale bewegen und / oder die Ware kann in den Regalen den Platz wechseln.

Bei der Bodenlagerung unterscheidet man die Blocklagerung und die Zeilenlagerung. Bei der Blocklagerung stellt man die Waren eng nebeneinander, ohne dass Platz dazwischen ist. Bei der Zeilenlagerung stellt man die Waren in Reihen auf. So hat man Platz und kann durch die Reihen laufen oder fahren. Man nennt diesen Lagerungstyp auch Reihenlagerung. Bei beiden Typen können die Waren gestapelt sein.

Lagerungstypen

die 1 ....

2 .... 3 ....

die 4 ....

die 5 ....

die 6 ....

2 **Hören Sie und ergänzen Sie dann.**

Sammellagerung | Sonderlagerung | Stellplatz | Trennungslagerung | Umlagerung | Zwischenlagerung

1 Normalerweise bewahrt man die Waren in einem Lager getrennt auf. Man spricht dann von .... oder auch .... Das bedeutet: Wenn in einem Lager Waren für die Firma X lagern, dann bekommt die Firma X auch genau diese Waren nach der Lagerung zurück.

2 Wenn man Waren in einem Lager zusammen lagert, nennt man das .... Dann sind die Güter nicht getrennt, obwohl sie von unterschiedlichen Kunden stammen. Meistens ist das Schüttgut (wie Getreide, Steine oder Sand). In diesem Fall muss man genaue Regeln vereinbaren.

3 Wenn eine Ware in einem Lager den .... ändert (das heißt: einen neuen Platz bekommt), nennt man das .... Das gleiche Wort benutzt man, wenn man eine Ware in ein anderes Lager bringt.

4 Wenn man Waren beim Transport von A nach B für eine kurze Zeit in einem Lager aufbewahrt, nennt man das .... Die Lagerung ist dann immer nur vorübergehend.

3 Was passt zusammen? Verbinden Sie.

1 man lagert Güter getrennt
2 Güter wechseln den Ort
3 man lagert Güter zusammen
4 Güter stehen in einem Block zusammen

A die Sammellagerung
B die Umlagerungg
C die Blocklagerung
D die Sonderlagerung

4 Ergänzen Sie = oder ≠.

1 chaotisch ...... unordentlich
2 statisch ...... dynamisch
3 gestapelt ...... aufeinandergestellt
4 immer ...... vorübergehend

5 Lesen Sie den Dialog und ergänzen Sie die Buchstaben.

1 ◆ Was ist eigentlich der I-Punkt?
○ Das ist die Abkürzung für „Identifikationspunkt". Man sagt auch „Einlagerungspunkt". Bei automatischen Regalsystemen ist das der Ort, an dem man die Ware identifiziert. Das bedeutet: Hier prüft man, was das für eine Ware ist, woher sie kommt, wem sie gehört und so weiter. Danach kommt die Ware an ihren Stellplatz im Lager.

2 ◆ Ist der K-Punkt der Kontroll-Punkt?
○ Ja, genau. Man sagt auch „Auslagerungspunkt". Hier kontrolliert man die Ware, wenn man sie automatisch aus einem Regalsystem holt. Danach verlässt sie das Lager.

1 der ☐-P☐nkt = der I☐☐☐tifi☐☐tionspu☐☐t = der E☐☐lager☐☐☐☐punkt
2 der ☐-Pun☐☐ = der K☐☐tro☐☐punkt = der A☐☐lagerungsp☐☐☐☐

6 Was passt? Kreuzen Sie an.

Bei der chaotischen Lagerung haben die Artikel keinen festen [1] ○ Auslagerungspunkt. ○ Stellplatz. Jedes Lagergut kann jeden freien Platz bekommen. Darum spricht man auch von [2] ○ Freiplatzlagerung. ○ Umlagerung. Die Güter können sich auch im Lager bewegen. Darum nennt man diesen Typ auch [3] ○ dynamische ○ statische Lagerung.

7 Was sind Vor- und Nachteile der chaotischen Lagerung? Machen Sie Notizen.

Lernwortschatz

der Auslagerungspunkt, -e ......
die Blocklagerung, -en ......
die Bodenlagerung, -en ......
chaotisch: die chaotische Lagerung ......
dynamisch: die dynamische Lagerung ......
der Einlagerungspunkt, -e ......
gestapelt ......
der Identifikationspunkt, -e (I-Punkt) ......
der Kontrollpunkt, -e (K-Punkt) ......
die Sammellagerung, -en ......
die Sonderlagerung, -en ......
statisch: die statische Lagerung ......
der Stellplatz, ¨-e ......
die Trennungslagerung, -en ......
die Umlagerung, -en ......
vorübergehend ......
die Zeilenlagerung, -en ......
die Zwischenlagerung, -en ......

18 Regale

1 Ergänzen Sie. (Nicht alles passt.)

1 ....

2 ....

3 ....

der Boden | das Fach | das Regal | die Schublade

2 a Welche Wörter hören Sie? Kreuzen Sie an.

1 ○ das Hochregal
2 ○ die Tragfähigkeit
3 ○ das Verschieberegal
4 ○ das Kragarmregal
5 ○ das Fachbodenregal
6 ○ das Umlaufregal
7 ○ das Einschubregal
8 ○ das Paternosterregal
9 ○ das Durchlaufregal
10 ○ das Karussellregal
11 ○ das Lagerhilfsmittel
12 ○ das Wabenregal
13 ○ der Behälter
14 ○ das A-Gestell
15 ○ der Sichtkasten
16 ○ die Schublade

b Welche Wörter aus a passen? Hören Sie noch einmal und ergänzen Sie.

1 das ganze Regal kann sich bewegen = das ....
2 die Fächer in einem Regal können sich bewegen = das ....
3 Behälter (z. B. Sichtkästen und Schubladen) = ...

3 Ergänzen Sie. Notieren Sie auch die Artikel.

1 .... + ... + das Mittel = das Lagerhilfsmittel
2 das Fach + ... + ... = das Fachbodenregal
3 die Sicht + ... = der Sichtkasten

4 Bilden Sie zusammengesetzte Wörter und ergänzen Sie.

1 Ein Regal, in das man hineinfahren kann, nennt man Einfahrregal.
2 Ein Regal mit Schubladen heißt ....
3 Ein Regal, in dem Waren in Behältern lagern, heißt ....
4 Ein Regal für Paletten nennt man ....
5 Ein hohes Regal (bis zu 45 Meter hoch) nennt man ....

5 Was passt nicht? Streichen Sie.

1 Umlaufregale: das Paternosterregal – das Karussellregal – das Einfahrregal
2 Arten von Behältern: der Sichtkasten – die Stellage – die Schublade
3 Behälterregale: das Kassettenregal – das Schubladenregal – das Kragarmregal

6 Schreiben Sie die Wörter richtig und ergänzen Sie.

regalBehälter | regalKragarm | regalPaternoster | regalWaben | stellA-Ge | tenregalPalet

1 das .... 2 das .... 3 das .... 4 das .... 5 das .... 6 das ....

7 Was passt? Umkreisen Sie.

1 ◆ Wie viel Kilogramm können die Schubladen in diesem Regal tragen?
 ○ Die Stellage – Tragfähigkeit liegt bei 200 bis 400 Kilogramm pro Schublade.

2 ◆ Welche Vorteile haben Behälterregale – Kragarmregale?
 ○ In diesen Regalen kann man besonders gut lange Güter lagern. Zum Beispiel lange Holzbretter.

3 ◆ Wie bewegt sich ein Karussellregal?
 ○ Dieses Regal bewegt sich horizontal – also von rechts nach links oder von links nach rechts. Im Gegensatz zum Einschubregal – Paternosterregal: Da bewegen sich die Fächer von unten nach oben oder von oben nach unten.

4 ◆ Welche Vorteile hat ein Durchlaufregal – Einfahrregal?
 ○ Da kann man die Güter an der einen Seite ins Regal legen und an der anderen Seite wieder herausholen. Die Regalböden sind nicht gerade. Die Güter bewegen sich zu der Seite, an der man sie entnehmen kann.

8 Welche Regaltypen kennen Sie? Nennen Sie zu jedem Typ einen Vorteil.

Lernwortschatz

das A-Gestell, -e ....
der Behälter, – ....
das Behälterregal, -e ....
das Durchlaufregal, -e ....
das Einfahrregal, -e ....
das Einschubregal, -e ....
das Fachbodenregal, -e ....
das Hochregal, -e ....
das Karussellregal, -e ....
das Kassettenregal, -e ....
das Kragarmregal, -e ....
das Lagerhilfsmittel, – ....
das Palettenregal, -e ....
das Paternosterregal, -e ....
die Schublade, -n ....
das Schubladenregal, -e ....
der Sichtkasten, ¨ ....
die Stellage, -n ....
die Tragfähigkeit (Sg.) ....
das Umlaufregal, -e ....
das Verschieberegal, -e ....
das Wabenregal, -e ....

19 Lagerbestände

1 **Bilden Sie Wörter mit *-bestand*. Notieren Sie auch die Artikel.**

Buch- Höchst- Ist- Lager- Melde- Mindest-

....

....

2 a **Wie kann man das auch sagen? Hören Sie und verbinden Sie.**

1 der Eiserne Bestand	A der Bestand, wie er in der Buchführung steht
2 der Istbestand	B der Maximalbestand
3 der Höchstbestand	C der Mindestbestand
4 der Buchbestand	D der tatsächliche Bestand

b **Welche Verben hören Sie? Hören Sie noch einmal und kreuzen Sie an.**

1 ○ kontrollieren	4 ○ verlassen	7 ○ melden
2 ○ verlieren	5 ○ abschreiben	8 ○ nachbestellen
3 ○ dokumentieren	6 ○ vorhalten	9 ○ nachfragen

3 **Hören Sie und ergänzen Sie dann. (Nicht alles passt.)**

ABC-Analyse Abschreibung Höchstbestand Inventur Kapazität Meldebestand Nachfrage Notverkauf Tagesumsatz Umschlagshäufigkeit

Drohnen machen Inventur

1 Die .... gibt an, wie oft ein Unternehmen seinen Lagerbestand in einem Jahr verkauft.
2 Der .... ist der Umsatz an einem Tag.
3 Mit der .... untersucht man, wie wichtig bestimmte Waren oder Kunden für ein Unternehmen sind. Es gibt drei Klassen (A, B und C). Die Waren A oder Kunden A sind für den Umsatz von einem Unternehmen am wichtigsten.
4 Wenn der .... in einem Lager erreicht ist, dann muss man Ware nachbestellen.
5 Bei einer .... zählt, misst, wiegt oder schätzt und kontrolliert man alle Güter, die zu dieser Zeit in einem Lager sind.
6 Die .... gibt an, wie viel Platz in einem Lager (noch) für Waren oder Güter ist.
7 Beim .... muss man Waren aus dem Sortiment besonders schnell verkaufen, weil sie sonst zum Beispiel kaputtgehen oder schlecht werden.

4 Ergänzen Sie.

~~bestellen~~ dokumentieren nachbestellen vorhalten

◆ Wann müssen wir neue Ware [1] bestellen? Wenn der Mindestbestand erreicht ist?
○ Nein, viel früher! Der Mindestbestand gibt an, wie viel Ware wir unbedingt im Lager [2] .... müssen. Schon wenn der Meldebestand erreicht ist, müssen wir Ware [3] .... Darum müssen wir genau [4] ...., welche Waren das Lager verlassen.

5 Ergänzen Sie.

1 nachfragen – die ....
2 Buch führen – die ....
3 abschreiben – die ....
4 .... – die Bestellung
5 .... – die Dokumentation

6 Lösen Sie das Rätsel.

1 B _ _ _ _ _ _ _ _ _ _
2 S _ _ _ _ _ _ _ _
3 B _ _ _ _ _ _ _ _ _
4 N _ _ _ _ _ _ _ _ _
5 I _ _ _ _ _ _ _
6 K _ _ _ _ _ _ _ _

1 die genaue Dokumentation von allen Umsätzen im Unternehmen = die ...
2 alle Waren in einem Lager = das ...
3 der Auftrag, dass man etwas liefern soll = die ...
4 ein eiliger Verkauf = der ...
5 das Zählen und Kontrollieren von Waren in einem Lager = die ...
6 der Raum, den es für Waren in einem Lager gibt = die ...

7 Was ist der Unterschied zwischen Höchst-, Mindest-, Melde- und Istbestand? Notieren Sie.

Lernwortschatz

die ABC-Analyse, -n ....
die Abschreibung, -en ....
der Bestand, ¨-e ....
bestellen, hat bestellt ....
die Bestellung, -en ....
der Buchbestand, ¨-e ....
die Buchführung, -en ....
dokumentieren, hat dokumentiert ....
die Dokumentation (Sg.) ....
der Eiserne Bestand, ¨-e ....
der Höchstbestand, ¨-e ....
die Inventur, -en ....
der Istbestand, ¨-e ....
die Kapazität, -en ....
der Lagerbestand, ¨-e ....
der Meldebestand, ¨-e ....
der Mindestbestand, ¨-e ....
nachbestellen, hat nachbestellt ....
die Nachfrage (Sg.) ....
der Notverkauf, ¨-e ....
das Sortiment, -e ....
der Tagesumsatz, ¨-e ....
der Umsatz, ¨-e ....
die Umschlagshäufigkeit, -en ....
....
vorhalten, hat vorgehalten ....

20 Container und Paletten

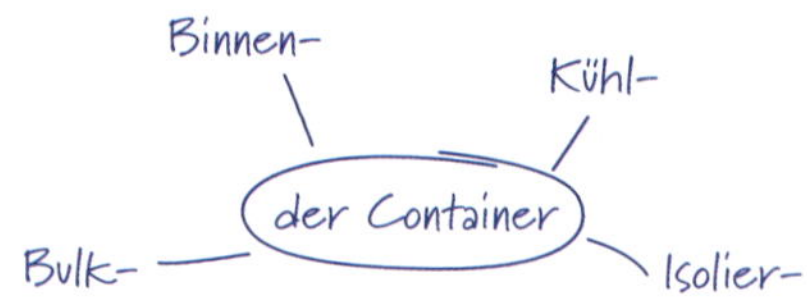

1 **Notieren Sie die Wörter mit Artikel.**

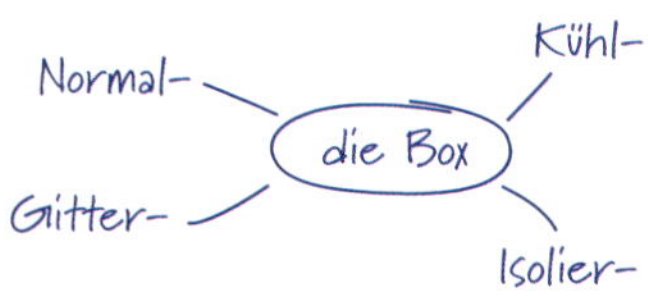

Palette: die Austauschpalette ....

....

Container: der Binnencontainer ....

....

Box: die ....

....

2 **Ergänzen Sie.**

der Container
die Dachabdeckung
das Inlet
die Türöffnung

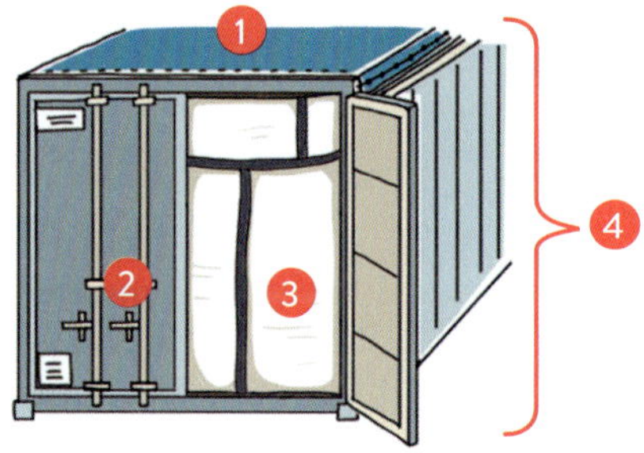

1 ....
2 ....
3 ....
4 ....

3 **Beschriften Sie die Bilder mit den markierten Wörtern.**

1 ....

2 ....

3 ....

Wie können Paletten beladen sein?
Man unterscheidet drei Möglichkeiten. Eine artikelreine Palette ist nur mit einem Artikel oder einer Güterart beladen. Auf einer Mischpalette kann man zwei oder mehr Güterarten palettisieren. Eine Sandwichpalette ist wie die Mischpalette mit mehreren Güterarten beladen, aber die unterschiedlichen Artikel sind durch Paletten getrennt.

4 **Schreiben Sie die Wörter richtig.**

1 Wenn man Waren von einer Palette herunternimmt, nennt man das .... (tierenpaletab).
2 Wenn man Waren auf Paletten verpackt, nennt man das .... (rentisiepalet).
3 Ein Container, mit dem man normale Ladung (zum Beispiel Stückgut) transportieren kann, heißt auch .... (boxmalNor).
4 Ein Container, der nur zum Teil geschlossen ist, ist .... (fenofteil).
5 Ein Container mit Öffnungen auf dem Dach heißt .... (nerconBulktai).

6 Isoliercontainer, die ein eigenes Kühlaggregat haben, nennt man ....
(conKühlnertai).
7 Container, die Maße nach ISO-Norm haben, nennt man .... (ConISO-tainer).
8 Container für den Bahn- und Binnenschiffsverkehr in Europa, die ideal für den Transport von Europoolpaletten (1200 × 800 mm) sind, nennt man ....
(connerBinnentai).
9 Eine Box, die die Maße einer Palette hat, nennt man .... (letpaBoxte).
Man kann mindestens eine Seite der Box aufmachen.

5 Bilden Sie zusammengesetzte Wörter und ergänzen Sie.

1 Eine Box mit Gittern ist eine ....
2 Ein Aggregat (= mehrere Maschinen, die zusammenarbeiten), das Güter kühl hält, ist ein ....
3 Eine Palette, die man austauscht, ist eine ....
4 Container, die man im Binnenverkehr benutzt, sind ....
5 Tauscht man Paletten, heißt das ....

6 Was passt? Kreuzen Sie an. Hören Sie dann und vergleichen Sie.

Oft werden für den Transport von Waren [1] ○ Türöffnungen ○ Einwegpaletten ○ Kühlaggregate benutzt. Sie halten nicht sehr lang und werden meistens nur einmal benutzt. Die leeren [2] ○ Dachabdeckungen ○ Inlets ○ Paletten bleiben dann beim Verbraucher. Es gibt aber auch [3] ○ Austauschpaletten. ○ Mischpaletten. ○ Normalboxen. Sie heißen auch Mehrwegpaletten, weil sie mehr als einmal benutzt werden. Man tauscht die leeren Paletten gegen beladene Paletten. Dieser [4] ○ Bulkcontainer ○ ISO-Container ○ Palettentausch kostet Geld, ist aber umweltfreundlich.

7 Mit welchen Arten von Paletten und Containern arbeiten Sie? Machen Sie eine Liste.

Lernwortschatz

abpalettieren, hat abpalettiert ....
artikelrein ....
die Austauschpalette, -n ....
der Binnencontainer, – ....
die Boxpalette, -n ....
der Bulkcontainer, – ....
der Container, – ....
die Dachabdeckung, -en ....
die Einwegpalette, -n ....
geschlossen ....
die Gitterbox, -en ....
das Inlet, -s ....
der ISO-Container, – ....
der Isoliercontainer, – ....
das Kühlaggregat, -e ....
der Kühlcontainer, – ....
die Mischpalette, -n ....
die Normalbox, -en ....
offen ....
die Palette, -n ....
der Palettentausch (Sg.) ....
....
palettisieren, hat palettisiert ....
die Sandwichpalette, -n ....
teiloffen ....
die Türöffnung, -en ....

21 Fördern und Heben

1 Welche Wörter hören Sie? Kreuzen Sie an.

1 ◯ der Lastenaufzug

2 ◯ die Rampe

3 ◯ die Rollbahn

4 ◯ die Sackkarre

5 ◯ der Seilzug

6 ◯ der Schlepper

7 ◯ der Hubwagen

8 ◯ der Gabelstapler

9 ◯ die Hebebühne

2 Schreiben Sie die Wörter richtig.

1 eine Anlage, mit der man Lasten fördert = die ______________ (anlageFörder)
2 eine elektronische Bahn, an der Lasten hängen = die ______________ (hängeElektrobahn)
3 ein fest installiertes Fördermittel für den immer gleichen Transportweg = der ______________ (rerfördeStetig)
4 ein Fahrzeug, mit dem man Lasten stapelt = der ______________ (lerbelstapGa)
5 ein Gerät, das steht und Lasten hochhebt = die ______________ (nebebühHe)

3 Ergänzen Sie.

1 Lasten heben (↑): der S ☐ ☐ lz ☐ g – die H ☐ b ☐ b ☐ hn ☐ – der L ☐ st ☐ n ☐ ☐ fz ☐ g
2 Lasten von A nach B bewegen (→): der Schl ☐ pp ☐ r – der H ☐ bw ☐ g ☐ n – die R ☐ llb ☐ hn – die S ☐ ckk ☐ rre
3 Lasten heben und von A nach B bewegen (↑+ →): der Kran – die ☐ l ☐ ktr ☐ h ☐ ng ☐ b ☐ hn – der G ☐ b ☐ lst ☐ pl ☐ r

4 Die markierten Wörter stehen an der falschen Stelle. Korrigieren Sie.

Förder- und Hebemittel: leistungsstarke Geräte und [1] Güter, mit denen man große und / oder schwere [2] Anlagen bewegen (= fördern und heben) kann. Man unterscheidet [3] Unstetigförderer, die fest an einem Ort stehen (zum Beispiel Elektrohängebahnen oder [4] Hubwagen), und [5] Stetigförderer, die man flexibel an jedem Ort einsetzen kann (zum Beispiel Gabelstapler oder [6] Rollbahnen).

1 ....
2 ....
3 ....
4 ....
5 ....
6 ....

5 Finden Sie acht Wörter. Notieren Sie auch die Artikel.

anlage | aufzug | Hub | bahn | bühne | Elektro | Förder | Gabel | hänge | Hebe | karre | Lasten | Sack | Seil | stapler | wagen | zug

....

....

6 Was passt zusammen? Verbinden Sie.

1 neu positionieren
2 aufeinanderstellen
3 benutzen
4 von A nach B bewegen
5 von unten nach oben bewegen

A stapeln
B einsetzen
C fördern
D heben
E rangieren

7 Was passt? Umkreisen Sie.

1 eine Förderanlage einsetzen – stapeln
2 ein Fahrzeug mit einem Schlepper heben – rangieren
3 Kartons dokumentieren – stapeln
4 Güter mit einem Seilzug nach oben einsetzen – heben

8 Mit welchen Förder- und Hebemitteln haben Sie schon gearbeitet? Machen Sie Notizen.

Lernwortschatz

die Anlage, -n ....
einsetzen, hat eingesetzt ....
die Elektrohängebahn, -en ....
fördern, hat gefördert ....
das Förder- und Hebemittel, – ....
....
die Förderanlage, -n ....
der Gabelstapler, – ....
heben, hat gehoben ....
die Hebebühne, -n ....
der Hubwagen, – ....
der Kran, -e / ¨-e ....
der Lastenaufzug, ¨-e ....
leistungsstark ....
die Rampe, -n ....
rangieren, hat rangiert ....
die Rollbahn, -en ....
die Sackkarre, -n ....
der Schlepper, – ....
der Seilzug, ¨-e ....
der Stetigförderer, – ....
der Unstetigförderer, – ....

22 Güter verladen

1 **Bilden Sie Verben mit *-laden*.**

ab- be- ent- um- ~~ver-~~

verladen = ...

2 a **Welches Foto passt zu welchem Text? Lesen Sie und ergänzen Sie die Ziffern.**

Text ☐

Text ☐

1 Man spricht von Roll-on / Roll-off (Ro/Ro), wenn Schiffe oder auch Züge bewegliche Ladungen transportieren. Bewegliche Ladungen sind Ladungen, die selbst fahren oder rollen können. Ro/Ro-Schiffe kann man zum Beispiel mit Lkws **beladen**. Ein Vorteil von einer Verladung mit Roll-on / Roll-off ist, dass man die Güter nicht von einem Fahrzeug auf ein anderes Fahrzeug **umladen** muss.

2 Man spricht von Lift-on / Lift-off (Lo/Lo), wenn man Güter – zum Beispiel Container – mit einem Kran auf Schiffe verlädt. Der Kran kann an Land oder auf dem Schiff stehen. Mit ihm kann man ein Schiff beladen. Dann hebt der Kran die Güter an Bord. Oder der Kran holt die Güter von Bord, wenn man die Ladung **löschen** (= das Schiff **entladen**) will.

b **Lesen Sie die Texte in a noch einmal. Ergänzen Sie die markierten Wörter.**

1 Güter in / auf ein Transportmittel räumen = ein Transportmittel ....
2 Güter von einem auf ein anderes Fahrzeug laden = Güter ....
3 eine Ladung .... = ein Schiff ....

3 a **Bilden Sie Wörter. Notieren Sie auch den Artikel.**

1 lade~~n~~ + der Plan = der Ladeplan
2 stau~~en~~ + der Plan = ...
3 lade~~n~~ + die Fläche = ...
4 ablade~~n~~ + die Stelle = ...
5 die Last + die Verteilung + s + der Plan = ...

b **Welche Wörter aus a hören Sie? Ergänzen Sie.**

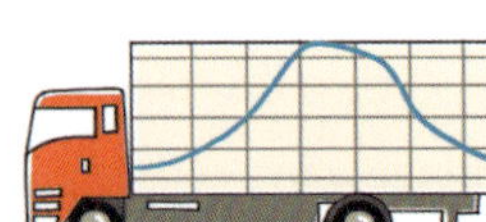

1 die Ladefläche und ....

2 .... und (bei Schiffen) ....

4 Ergänzen Sie.

ladefähig | manuell | maschinell

1 etwas mit einer Maschine machen = etwas .... machen
2 etwas mit den Händen machen = etwas .... machen
3 man kann etwas verladen = etwas ist ....

5 Wie kann man das auch sagen? Schreiben Sie die Verben richtig.

1 Güter aus einem Lkw holen = einen Lkw .... (denlaent)
2 Güter auf einem Schiff sicher unterbringen = ... (enstau)
3 Güter von einem Stapel nehmen = ... (stapelnab)
4 Teile einer Ladung an verschiedene Orte auf einer Ladefläche stellen = die Ladung .... (teiverlen)
5 alle Güter an einer Abladestelle aus einem Transportmittel herausholen = ... (laabden)

6 Was passt? Umkreisen Sie.

1 Der Gabelstapler stapelt ab – staut.

2 Man löscht – belädt den Lkw.

3 Der Lkw lädt ab – lädt um.

7 Ergänzen Sie das Wörternetz.

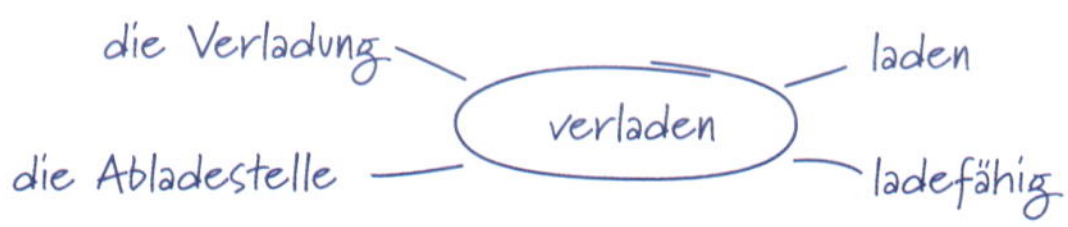

Lernwortschatz

abladen, hat abgeladen ....
die Abladestelle, -n ....
abstapeln, hat abgestapelt ....
an Bord ....
beladen, hat beladen ....
entladen, hat entladen ....
ladefähig ....
die Ladefläche, -n ....
der Ladeplan, ¨-e ....
die Ladung, -en ....
der Lastverteilungsplan, ¨-e ....
....
Lift-on / Lift-off (Lo/Lo) ....
löschen, hat gelöscht ....
manuell ....
maschinell ....
Roll-on / Roll-off (Ro/Ro) ....
stauen, hat gestaut ....
der Stauplan, ¨-e ....
umladen, hat umgeladen ....
verladen, hat verladen ....
die Verladung, -en ....
verteilen, hat verteilt ....
von Bord ....

23 Ladehilfsmittel

1 **Schreiben Sie die Wörter richtig.**

1 der ______ (ilKe)

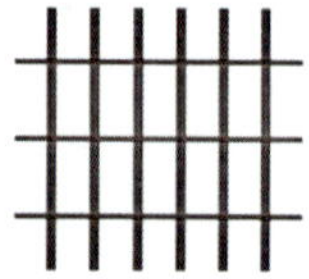
2 das ______ (terGit)

3 die ______ (teMat)

4 das ______ (tzNe)

5 der ______ (rtGu)

6 die ______ (zeStüt)

7 die ______ (teKet)

8 das ______ (seilDraht)

9 das ______ (ilSe)

10 der ______ (kenBal)

11 das ______ (ttBre)

12 die ______ (nePla)

2 a **Was passt? Umkreisen Sie.**

1 Von Arbeitssicherheit – Beförderungssicherheit spricht man, wenn man Ware sicher transportiert. Man muss die Ware so gut sichern, dass man sie ohne Schaden befördern kann.
2 Zu den Ladehilfsmitteln – Lagerhilfsmitteln gehören alle Mittel, die bei der Transportsicherung helfen. Das können zum Beispiel Seile und Gurte oder Netze und Planen sein, aber auch Unterlagen wie Antirutschmatten.

b **Lesen Sie Text 1 in a noch einmal. Wie kann man das auch sagen? Ergänzen Sie.**

1 transportieren = ______
2 sicher machen = ______

3 **Was passt noch? Ergänzen Sie.**

das Drahtseil | das Gitter | die Kette | die Matte | die Unterlage

1 festmachen: das Seil – der Gurt – ______ – ______
2 auf den Boden legen:
die Antirutschmatte – der Keil – ______ – ______
3 trennen: das Brett – der Balken – ______

4 Welche vier Wörter passen zum Foto? Kreuzen Sie an.

1 ○ die Transportsicherung
2 ○ die Gitter-Antirutschmatte
3 ○ die Beförderungssicherheit
4 ○ der Balken
5 ○ das Drahtseil
6 ○ das Ladehilfsmittel

5 Finden Sie fünf Wörter und ergänzen Sie.

QDACHMLQHBODENLQKJOQBRETTPMYWZTGDFGITTERMNBLKHZYANTIRUTSCHMATTETQWLS

1 das ....
2 das ....
3 die ....
4 das ....
5 der ....

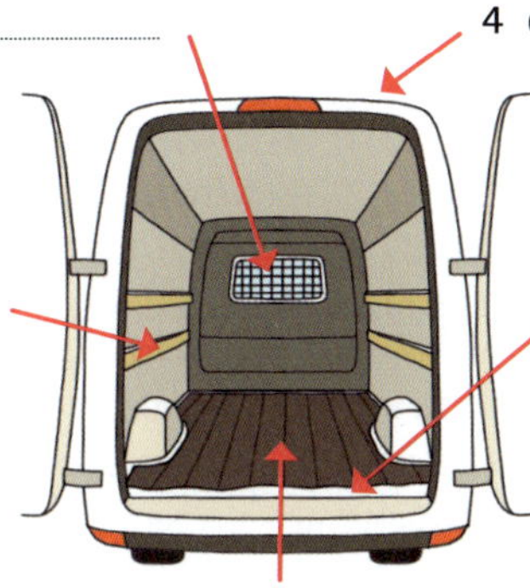

6 Lösen Sie das Rätsel.

		7				
1		B				
2	D					
3	P					
4		K				
5	K					
6		N				

1 Ein dünnes, langes Stück Holz ist ein ...
2 Der oberste Teil von einem Haus ist das ...
3 Eine ... schützt vor Regen.
4 Ein ... sorgt dafür, dass etwas sicher steht.
5 Mit einer ... kann man Ladung sichern.
6 Mit einem ... kann man auch Fische fangen.
7 Ein ... ist dicker als ein Brett.

7 Welche Ladehilfsmittel helfen Ihnen bei der Transportsicherung im Lkw? Notieren Sie.

Lernwortschatz

die Antirutschmatte, -n ....
der Balken, – ....
befördern, hat befördert ....
die Beförderungssicherheit (Sg.) ....
....
der Boden, ¨ ....
das Brett, -er ....
das Dach, ¨-er ....
das Drahtseil, -e ....
das Gitter, – ....
der Gurt, -e ....
der Keil, -e ....
die Kette, -n ....
das Ladehilfsmittel, – ....
die Matte, -n ....
das Netz, -e ....
die Plane, -n ....
das Seil, -e ....
sichern, hat gesichert ....
die Stütze, -n ....
die Transportsicherung (Sg.) ....
die Unterlage, -n ....

24 Ladung sichern

1 **Hören Sie. Schreiben Sie die Wörter dann richtig. Hören Sie danach noch einmal und vergleichen Sie.**

www.logistik-wissen.com

FAQ VORLESEN

Wie kann ich eine Ladung sichern? Worauf muss ich dabei achten?

Es ist immer wichtig, die Ladung im Transportfahrzeug gut zu sichern. Sie darf zum Beispiel beim Bremsen nicht [1] .... (rutverschen). Sonst kann man Ladung verlieren oder das ganze Fahrzeug kann [2] .... (penkip).

Es gibt zwei Arten der [3] .... (sicherungLadungs) – die formschlüssige und die kraftschlüssige Sicherung.

Bei der [4] .... (schlüsformsigen) Ladungssicherung verlädt man die Ladung [5] .... (digbün). Das heißt, es gibt keinen freien Raum mehr. Die Ladefläche ist komplett voll. Dabei können auch Ladehilfsmittel wie Keile, Säcke oder Polster helfen. Die Güter können sich dann nicht bewegen.

Bei der kraftschlüssigen Ladungssicherung sichert man die Ladung durch [6] .... (zurrenNieder). Das heißt: [7] .... (mittelZurr) wie Gurte mit Ratschen drücken die Ladung fest auf die Ladefläche. So kann sie nicht mehr verrutschen. Dabei können auch Antirutschmatten helfen.

2 **Ergänzen Sie.**

Anschlagen | Anschlagmittel | festbinden | Zurren | Zurrmittel

1 zurren = Ladung auf Transportmitteln befestigen oder
....
das Zurrmittel = Hilfsmittel zum ....
(zum Beispiel Zurrdrahtseil und Zurrgurt)
der Zurrpunkt = markierte Stelle an Fahrzeugen oder Gütern, an der man .... befestigen kann

2 anschlagen = Seile, Gurte oder Ketten an Lasten befestigen
das Anschlagmittel = Hilfsmittel zum ....
(zum Beispiel Seile und Gurte)
der Anschlagpunkt = die Stelle an einer Ladung, an der man .... befestigen kann

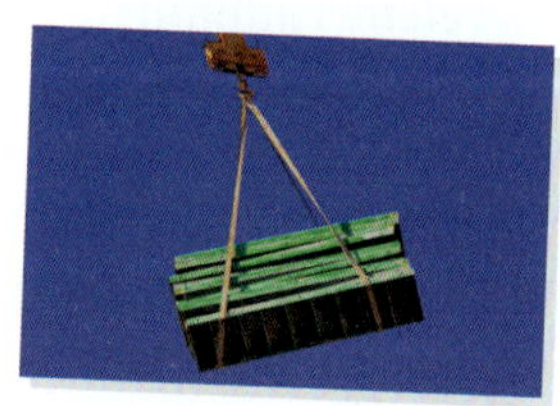

3 **Was passt zusammen? Verbinden Sie.**

1 Die Ladung ist sicher,
2 Bei einer kraftschlüssigen Sicherung
3 Bei einer formschlüssigen Sicherung
4 Eine Ladung, die nicht festgezurrt ist,

A verlädt man die Ladung bündig.
B zurrt man die Ladung nieder.
C kann verrutschen.
D wenn man sie festgebunden hat.

4 Lesen Sie die Definitionen und beschriften Sie die Bilder mit den markierten Wörtern.

1 ....

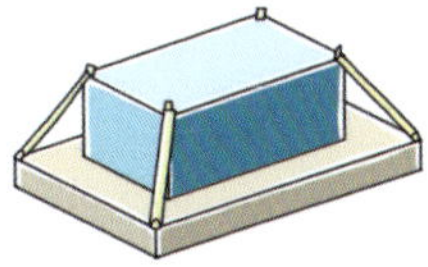

2 ....

Direktzurren: Man befestigt die Zurrmittel an den Zurrpunkten an der Ladefläche und den Anschlagpunkten an der Ladung.
Niederzurren: Man befestigt die Zurrmittel nur an den Zurrpunkten an der Ladefläche. Die Gurte, Ketten oder Seile laufen dann über die Ladung.

5 Bilden Sie Paare und ergänzen Sie.

befestigen | direktzurren | festbinden | festzurren | kippen | ~~laschen~~ | verlaschen | verrutschen

1 Ladung auf Schiffen festmachen: laschen und ....
2 mit Zurrmitteln befestigen: .... und ....
3 etwas festmachen: .... und ....
4 sich (gefährlich) bewegen: .... und ....

6 Ordnen Sie zu.

die Zurröse

der Zurrring

der Zurrsteg

der Zurrgurt
die Ratsche

die Zurrkette

Zurrpunkt: ....
Zurrmittel: ....

7 Erklären Sie einer Freundin / einem Freund, welche Möglichkeiten es für die Ladungssicherung gibt. Machen Sie Notizen.

Lernwortschatz

anschlagen, hat angeschlagen ....
das Anschlagmittel, – ....
der Anschlagpunkt, -e ....
befestigen, hat befestigt ....
bündig ....
direktzurren, hat direktgezurrt ....
festbinden, hat festgebunden ....
festzurren, hat festgezurrt ....
formschlüssig ....
kippen, hat gekippt ....
kraftschlüssig ....
die Ladungssicherung (Sg.) ....
....

laschen, hat gelascht ....
niederzurren, hat niedergezurrt ....
die Ratsche, -n ....
verlaschen, hat verlascht ....
verrutschen, ist verrutscht ....
zurren, hat gezurrt ....
der Zurrgurt, -e ....
die Zurrkette, -n ....
das Zurrmittel, – ....
die Zurröse, -n ....
der Zurrpunkt, -e ....
der Zurrring, -e ....
der Zurrsteg, -e ....

25 Transportieren

1 a Hören Sie. Schreiben Sie dann die Wörter richtig.

1 ◆ Welchen Vorteil hat das Konzept Hub and Spoke?
○ Bei diesem Konzept gibt es einen zentralen Ort, an dem der .... (schlagUm) stattfindet. Von diesem Ort befördert man die Waren mit Verkehrsmitteln an andere Orte. Der Vorteil ist: Der .... (portTrans) dauert nicht lang. So ist die .... (fördeBerung) von vielen Gütern in kurzer Zeit möglich.

2 ◆ Was bedeutet Direktverkehr?
○ Das bedeutet, dass man eine Ware mit nur einem Transportmittel zwischen zwei Orten befördert. Hier findet also kein Umschlag statt. Ein typisches Beispiel ist ein .... (rierdienstKu). Hier holt der Kurier eine .... (dungSen) ab und befördert sie in einem Fahrzeug bis zum .... (mungsortBestim).

3 ◆ Und was ist die Überlagernahme?
○ Das bedeutet, dass man eine Ware auf dem Transportweg für eine Zeit in einem Lager aufbewahrt. Das Gegenteil ist der .... (umDirektschlag). Hier schlägt man die Ware von einem Transportmittel auf ein anderes um. Man organisiert die .... (nungplaTouren) so, dass man die Ware beim Transport nicht lagern muss.

b Welcher Text passt: 1 oder 2? Hören Sie noch einmal und ordnen Sie zu.

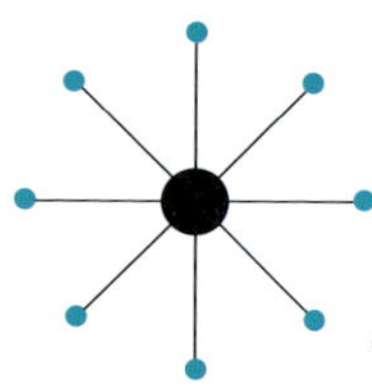

Text ....

2 Ergänzen Sie.

fähig | inter | trans | weit

1 auf der ganzen Welt = ...national = welt........
2 über einen ganzen Kontinent = ...kontinental
3 das kann man transportieren = das ist transport........

3 Verbinden Sie.

1 hier beginnt der Transport = der Versand — E
2 hier soll das Schiff ankommen = der Bestimmungs
3 dieses Unternehmen verschickt Pakete = der Paket
4 das organisiert den Ablauf einer Tour = die Touren
5 hier kommen die Güter her = das Ursprungs
6 der Transport mit nur einem Verkehrsmittel = der Direkt

A hafen
B verkehr
C planung
D dienst
E ort
F land

4 Ergänzen Sie.

1 Ware umschlagen – der Umschlag von Ware
2 Sendungen abholen – .... von Sendungen
3 Pakete befördern – .... von Paketen
4 Güter .... – der Transport von Gütern

5 Was passt? Ordnen Sie zu.

die Abholung | der Absender | die Beförderung | der Bestimmungshafen | der Bestimmungsort | der Direktverkehr | der Empfänger | die Tour | die Überlagernahme | das Ursprungsland

1 am Start: ……………………
2 auf dem Transportweg: ……………………
……………………
3 am Ziel: ……………………

6 Was passt? Umkreisen Sie.

KEP-Dienste: Kurier-, **E**xpress- und **P**aketdienste für eilige [1] Sendungen – Überlagernahmen, die nicht sehr schwer und groß sind. Die meisten Paketdienste transportieren [2] Touren – Waren bis ca. 30 kg. Kurierdienste bringen Sendungen in der Regel persönlich und auf direktem Weg zum [3] Empfänger – Bestimmungshafen. Ein Beispiel sind Fahrradkuriere in Städten. Expressdienste sagen vorher, wann genau sie die Ware liefern. Sie sind meistens schneller als [4] Abholungen – Paketdienste.

7 Ergänzen Sie die Buchstaben.

1 Internationaler K☐r☐☐rd☐☐nst: Wir liefern w☐ltw☐☐t

2 Kostenlose ☐bh☐l☐ng Ihrer S☐nd☐ng am Wunschort

3 Wenn es schnell gehen soll: ☐xpr☐ssd☐☐nst

8 Was ist der Unterschied zwischen Direktumschlag und Überlagernahme? Notieren Sie.

Lernwortschatz

abholen, hat abgeholt ……………………
die Abholung, -en ……………………
befördern, hat befördert ……………………
die Beförderung, -en ……………………
der Bestimmungshafen, ¨- ……………………
der Bestimmungsort, -e ……………………
der Direktverkehr (Sg.) ……………………
der Direktumschlag (Sg.) ……………………
der Expressdienst, -e ……………………
international ……………………
Hub and Spoke (HUB) ……………………
der Kurier, -e ……………………
der Kurier-, Express- und Paketdienst, -e (KEP-Dienst, -e) ……………………

der Paketdienst, -e ……………………
die Sendung, -en ……………………
die Tour, -en ……………………
die Tourenplanung, -en ……………………
transkontinental ……………………
der Transport, -e ……………………
transportfähig ……………………
transportieren ……………………
die Überlagernahme, -n ……………………
……………………
der Umschlag (Sg.) ……………………
das Ursprungsland, ¨-er ……………………
der Versandort, -e ……………………
weltweit ……………………

26 Transportmittel

1 Was passt zusammen? Verbinden Sie.

1 der Lkw
2 der Pkw
3 der Hubschrauber
4 die Eisenbahn
5 das Schiff
6 das Flugzeug

A 
B 
C 
D 
E 
F 

2 Was passt? Umkreisen Sie.

1 der Eisenbahnverkehr – der Luftfrachtverkehr: Man transportiert Güter oder Waren in der Luft (zum Beispiel mit Frachtflugzeugen oder Passagierflugzeugen).
2 der Güterkraftverkehr – der Eisenbahnverkehr: Man transportiert Güter oder Waren auf der Straße (zum Beispiel mit Lkws).
3 die Binnenschifffahrt – der Luftfrachtverkehr: Man transportiert Güter oder Waren vor allem auf Flüssen (zum Beispiel mit Binnenschiffen).
4 der Frachtraum – der Seeverkehr: Man transportiert Güter oder Waren auf dem Meer (zum Beispiel mit Seeschiffen).
5 der Eisenbahnverkehr – der Güterkraftverkehr: Man transportiert Güter oder Waren auf der Schiene (zum Beispiel in Bahnwaggons / Bahnwagen von Güterzügen).
6 die Binnenschifffahrt – der Kombiverkehr: Man transportiert Güter oder Waren auf oder in mindestens zwei unterschiedlichen Fahrzeugen oder Transportmitteln (zum Beispiel mit Seeschiff und Lkw, Frachtflugzeug und Eisenbahn).

3 Schreiben Sie die Wörter richtig und ordnen Sie zu.

der genwaBahn | das nenschiffBin | die senEibahn | das zeugflugFracht | der zugGüter | der schrauHubber | der wkL | das flugPassagierzeug | der kPw | das schiffSee | das schiffTank

Transportmittel

... in der Luft

....
....
....

... im Wasser

....
....
....

... auf der Straße

....
....
....

... auf Schienen

....
....
....

4 **Bilden Sie Wörter. Notieren Sie auch die Artikel.**

1 die Bahn + der Waggon = ...
2 das Binnenschiff + die Fahrt = ...
3 die Eisenbahn + der Verkehr = ...
4 die Fracht + der Raum = ...
5 die Güter + der Zug = ...
6 der Passagier + das Flugzeug = ...
7 der Tank + das Schiff = ...
8 der Transport + das Mittel = ...

5 **Ergänzen Sie.**

1 der Ort, an dem man in Flugzeugen oder Schiffen die Güter für den Transport findet: der Fr☐☐☐☐r☐☐m
2 ein anderes Wort für Bahnwagen: der B☐☐☐w☐☐☐☐n
3 ein Transportmittel, das fliegt: das F☐☐☐z☐☐g
4 ein Transportmittel, das auf dem Meer fährt: das S☐☐sch☐☐☐
5 ein Transportmittel in der Luft, mit dem Menschen reisen: das Passa☐☐☐☐fl☐☐zeug
6 der Verkehr auf Flüssen: die B☐☐☐enschifff☐☐☐t
7 der Verkehr auf dem Meer: der S☐☐verk☐☐☐
8 ein Transportmittel zum Beispiel für medizinische Notfälle: der H☐☐schr☐☐☐er

6 **Welche Fahrzeuge und Transportmittel kennen Sie? Machen Sie eine Liste. Ordnen Sie dann Waren zu, die passen.**

das Tankschiff: das Öl, ...

Lernwortschatz

der Bahnwagen, – ....
der Bahnwaggon, -s ....
das Binnenschiff, -e ....
die Binnenschifffahrt (Sg.) ....
die Eisenbahn, -en ....
der Eisenbahnverkehr (Sg.) ....
das Fahrzeug, -e ....
das Frachtflugzeug, -e ....
der Frachtraum, ⸚e ....
der Güterkraftverkehr (Sg.) ....
....
der Güterzug, ⸚e ....
der Hubschrauber, – ....
der Kombiverkehr (Sg.) ....
der Lkw, -s ....
der Luftfrachtverkehr (Sg.) ....
....
das Passagierflugzeug, -e ....
der Pkw, -s ....
das Schiff, -e ....
das Seeschiff, -e ....
der Seeverkehr (Sg.) ....
das Tankschiff, -e ....
das Transportmittel, – ....

27 Lastkraftwagen

1 **Hören Sie. Ergänzen Sie dann die Buchstaben.**

der Pritschenwagen

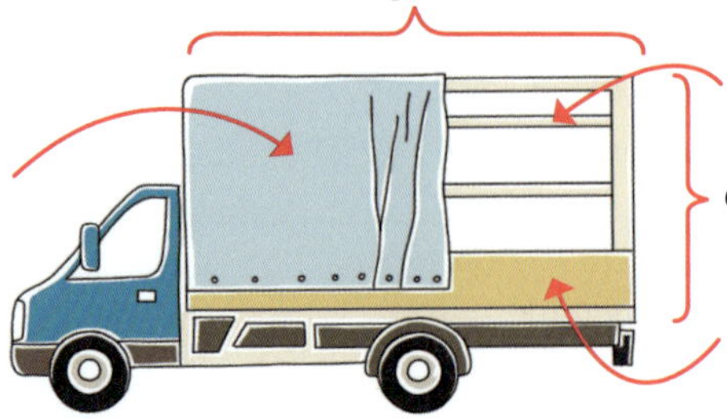

1 ◆ Ich zeige dir mal unsere Lastkraftwagen. Wir haben hier einen [a] P _ _ t _ _ _ enw _ _ en. Dieser Wagen hat – wie der Name schon sagt – eine [b] P _ _ tsch _ mit einem [c] A _ fb _ _.

○ Ah! Kann man den Wagen denn auch offen fahren oder ist das zu gefährlich?

◆ Das geht schon, aber wir fahren ihn nicht offen. Wir benutzen immer das [d] W _ g _ _ v _ _ d _ ck. Und das hat zwei Teile.

○ Okay. Das ist die [e] Pl _ _ e …

◆ Ja, genau. Und die Stangen nennt man [f] Sp _ _ _ g _ l. Noch Fragen?

der Sattelzug

2 ◆ Und hier haben wir unseren [a] S _ tt _ lz _ g.

○ Wow, ganz schön lang!

◆ Ja, der ist mit dem [b] Tr _ _ l _ r 16 Meter lang.

○ Ah, das sind also zwei Teile?

◆ Ja, genau. Wir haben hier die [c] Sa _ _ el _ _ _ m _ sch _ _ e und dahinter kommt der [d] _ att _ _ aufl _ _ g _ _.

○ Ist das nicht der Trailer?

◆ Ja, man kann diesen Teil auch Trailer oder [e] S _ t _ e _ a _ h _ _ ger nennen.

2 **Beschriften Sie die Bilder.**

der Anhänger | der Kastenwagen | der Lastzug | der Pritschenwagen | der Sattelzug | der Tankwagen

1 .... / der Gliederzug

2 ....

3 ....

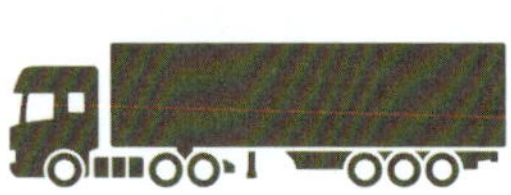
4 ....

5 ....

6 ....

3 Drei verschiedene Wörter für eine Sache. Was passt nicht? Streichen Sie.

1 der Lastkraftwagen = der Spriegel = der Lkw = der Lastwagen
2 der Lastzug = der Kastenwagen = der Hängerzug = der Gliederzug
3 der Trailer = der Sattelanhänger = das Wagenverdeck = der Sattelauflieger

4 Bilden Sie Wörter und ergänzen Sie.

Auf | bau | kraft | Last | Lkw- | lo | Maut | Si | Tank | wagen | wagen

die Maut: eine Gebühr, die man bezahlen muss, wenn man eine Straße benutzt. In Deutschland gibt es eine Maut für [1] ______________. Sie gilt auf der Autobahn. Die [2] ______________ müssen Fahrzeuge bezahlen, die 7,5 Tonnen wiegen oder noch schwerer sind.

das Silo: eine Art von [3] ______________ für einen Lastkraftwagen. In einem [4] ______________ kann man Güter wie Steine, Sand oder Mehl transportieren. Oft kann man es auch kippen. Flüssige Güter wie Wasser, Milch, Öl, Benzin etc. transportiert man in einem [5] ______________ (→ Tank).

5 Was passt zusammen? Verbinden Sie.

1 Teile vom Pritschenwagen
2 Arten von Aufbauten
3 Teile vom Sattelzug
4 Teile vom Wagenverdeck
5 Arten von Lkws

A das Silo, der Tank und das Wagenverdeck
B der Spriegel und die Plane
C der Kasten-, der Pritschenwagen, der Lastzug
D die Pritsche und das Wagenverdeck
E die Sattelzugmaschine und der Sattelauflieger

6 Welche Fahrzeuge und Lastkraftwagen dürfen Sie mit Ihrem Führerschein (nicht) fahren? Machen Sie eine Liste.

+: Fahrrad,

–:

Lernwortschatz

der Anhänger, – ______________
der Aufbau, -ten ______________
der Gliederzug, ¨-e ______________
der Hängerzug, ¨-e ______________
der Kastenwagen, – ______________
kippen, hat gekippt ______________
der Lastkraftwagen, – ______________
der Lastzug, ¨-e ______________
die Lkw-Maut (Sg.) ______________
die Plane, -n ______________
die Pritsche, -n ______________
der Pritschenwagen, – ______________
der Sattelanhänger, – ______________
der Sattelauflieger, – ______________
der Sattelzug, ¨-e ______________
die Sattelzugmaschine, -n ______________
das Silo, -s ______________
der Spriegel, – ______________
der Tank, -s ______________
der Tankwagen, – ______________
der Trailer, – ______________
das Wagenverdeck, -e ______________

28 Kommissionieren

1 Ergänzen Sie. Hören Sie dann und vergleichen Sie.

Bereitstellung | Distributionszentrum | Kommissionierung | Mann zur Ware | Pickliste | Verfahren | Ware zum Mann

- Was bedeutet es, wenn Waren kommissioniert werden?
- Bei der [1] .... stellt man Waren in einem Lager für einen Auftrag zusammen. Das passiert zum Beispiel in einem [2] ...., wo man Waren verteilt.
- Und wie geht das?
- Es gibt zwei [3] .... bei der Kommissionierung: Ware zum Mann und Mann zur Ware. Bei [4] .... kommt die Ware im Lager zu den Mitarbeiterinnen und Mitarbeitern, die den Auftrag bearbeiten. In automatischen Lagern bringt ein Fördersystem die Ware. Ein Computer steuert den Transport. Hier spricht man auch von einer dynamischen [5] .... Bei [6] .... gehen oder fahren die Mitarbeiter selbst zur Ware und nehmen dann die Menge an Ware, die sie für ihren Auftrag brauchen. Das ist bei manuellen Lagertypen so.
- Und was ist eine [7] ....?
- Das ist eine Liste, die man bei der Kommissionierung benutzen kann. Sie ist auch ein Beleg dafür, dass man die Waren zusammengestellt hat. Heute kommissioniert man Ware aber oft ohne Beleg.

2 Was passt? Umkreisen Sie.

Die dynamische Bereitstellung

Will man viele Kundenaufträge in kurzer Zeit kommissionieren, verpacken und für den Transport [1] abpacken – bereitstellen, dürfen keine Fehler passieren. Eine falsche Adresse, eine falsche [2] Kommission – Koordinierung, das heißt zum Beispiel falsche Waren oder die falsche Menge, all das bringt Ärger bei den Lieferanten und Kunden. Eine gute Software auf mobilen [3] Geräten – Bünden wie Smartphones hilft bei der beleglosen [4] Kommissionierung – Pickliste und unterstützt die Mitarbeiterinnen und Mitarbeiter im Lager bei der täglichen Arbeit.

3 Wie kann man das auch sagen? Bilden Sie Wörter und ergänzen Sie.

beleg | Bereit | Kommissio | liste | losen | nierung | stellung | Pick

1 Wenn man Ware in einem Lager für einen Kundenauftrag zusammenstellt, spricht man von ....

2 Der Beleg, mit dem ein Lagermitarbeiter bei einem Kommissionierungsauftrag arbeitet, nennt man ....

3 Oft bearbeiten Kommissionierer einen Auftrag auch ohne Beleg, dann spricht man von einer .... Kommissionierung.

4 Wenn ein Computer koordiniert, dass die Ware zum Mann kommt, ist das eine dynamische ....

4 Ergänzen Sie.

1 bereitstellen – ....
2 konfektionieren – ....
3 .... – die Zusammenstellung
4 .... – die Kommissionierung
5 .... – die Koordinierung

5 Was passt zusammen? Verbinden Sie.

1 das Bund
2 die Konfektionierung
3 das Distributionszentrum
4 das Warenwirtschaftssystem

A ein großes Lager, das Güter verteilt
B eine Software, mit der man logistische Aufgaben koordinieren und steuern kann
C eine Kommission verpacken und mit Etiketten für den Transport fertig machen
D ein Packstück (Paket, Palette, ...), in dem man mehrere Waren abgepackt hat und das man gut transportieren kann

6 Lösen Sie das Rätsel.

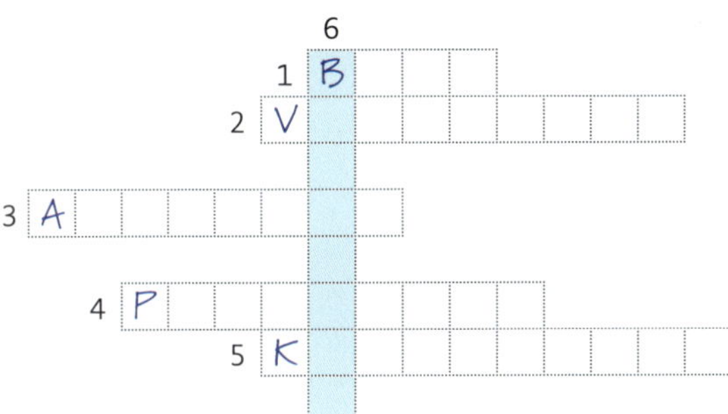

1 die Zusammenstellung von Waren zu einem Packstück = das ...
2 die Art, wie man etwas macht = das ...
3 eine Ware in bestimmter Menge verpacken = ...
4 eine Liste, die beim Kommissionieren hilft = die ...
5 die Warenmenge, die man für einen Auftrag zusammenstellt – die ...
6 ohne Beleg = ...

7 Erklären Sie, was Kommissionierung bedeutet. Machen Sie Notizen.

Lernwortschatz

abpacken, hat abgepackt ....
der Beleg, -e ....
beleglos ....
bereitstellen, hat bereitgestellt ....
die Bereitstellung, -en ....
das Bund, -e / das Bündel, – ....
das Distributionszentrum, -zentren ....
die dynamische Bereitstellung (Sg.) ....
....
die Kommission, -en ....
kommissionieren, hat kommissioniert ....
die Kommissionierung, -en ....
konfektionieren, hat konfektioniert ....
die Konfektionierung, -en ....
koordinieren, hat koordiniert ....
die Koordinierung, -en ....
Mann zur Ware ....
die Pickliste, -n ....
das Verfahren, – ....
Ware zum Mann ....
das Warenwirtschaftssystem, -e ....
zusammenstellen, hat zusammengestellt ....

29 Versenden und Zustellen

1 a **Schreiben Sie die Wörter richtig.**

1 Auf einem Versandetikett stehen die Namen vom .... (dersenAb) und vom .... (fänEmpger).
2 Ein anderes Wort für Adresse ist .... (schriftAn).
3 Wenn eine Ware eingeht, bestätigt man den Eingang oder den .... (haltEr) meistens mit einer Unterschrift.
4 Wenn man ein Paket zurücksendet, spricht man von einer .... (retouRe) oder einer .... (liefeRückrung). Oft liegt das daran, dass man eine falsche Ware oder eine Ware mit Fehler erhalten hat.

b **Zu welchem Text (1–4) in a passt das Bild? Ergänzen Sie.**

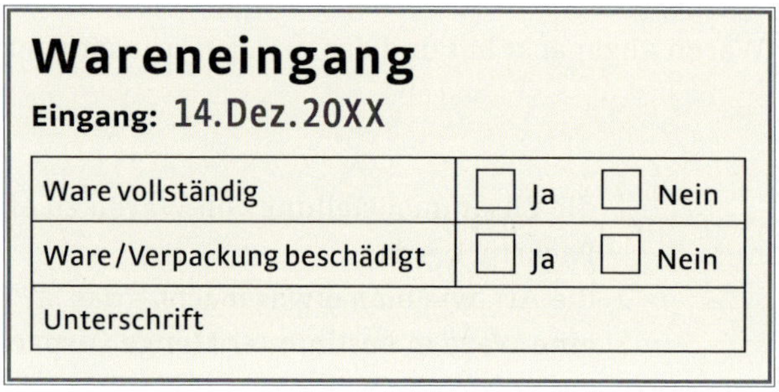

Wareneingang

Eingang: 14.Dez.20XX

Ware vollständig	☐ Ja ☐ Nein
Ware/Verpackung beschädigt	☐ Ja ☐ Nein
Unterschrift	

Text ....

2 **Ergänzen Sie.**

1 .... – der Versand
2 abholen – ....
3 .... – die Ablieferung
4 ausliefern – ....
5 zustellen – ....
6 .... – der Eingang

3 **Ergänzen Sie die Verben in der richtigen Form. Hören Sie dann und vergleichen Sie.**

abholen | erhalten | versenden | zurücksenden | zustellen

◆ Wie sieht dein Arbeitsalltag als Zustellerin aus? Was machst du alles?
○ Zuerst fahre ich morgens zum Lager und [1] .... dort die Lieferungen für den Tag .... Und dann liefere ich die Pakete aus.
◆ Brauchst du für jedes Paket, das du ablieferst, eine Unterschrift vom Empfänger?
○ Ja, wenn ich die Pakete [2] ...., brauche ich meistens eine Unterschrift.
◆ Freuen sich die Menschen, wenn sie Pakete [3] ....?
○ Ja, es gibt schon einige Menschen, die sich freuen, wenn ich komme.
◆ Hast du denn viel Arbeit?
○ Ja, total! Bei den ganzen Online-Bestellungen [4] .... die Händler immer mehr Pakete. Und es gibt auch sehr viele Retouren, weil die Leute Waren [5] ...., die ihnen nicht gefallen.

4 Wie kann man das auch sagen? Umkreisen Sie.

1 ein Paket aus dem Lager mitnehmen = ein Paket im Lager abholen – zustellen
2 ein Paket verschicken = ein Paket ausliefern – versenden
3 ein Paket beim Empfänger abgeben = ein Paket beim Empfänger abliefern – versenden
4 die Lieferung ist angekommen = die Lieferung ist eingegangen – versendet
5 eine Lieferung bekommen = eine Lieferung abliefern – erhalten
6 eine pünktliche Zustellung sicherstellen = eine pünktliche Zustellung abholen – gewährleisten
7 eine falsche Lieferung retournieren = eine falsche Lieferung zustellen – zurückschicken

5 a Bilden Sie Paare (Synonyme).

die Anschrift | der Eingang | die Rücklieferung | der Versand | die Zustellung

1 die Ablieferung und ....
2 der Erhalt und ....
3 der Transport und ....
4 die Adresse und ....
5 die Retoure und ....

b Welche Wörter passen zu welchem Bild? Ergänzen Sie die passenden Ziffern aus a.

A 4 
B .... 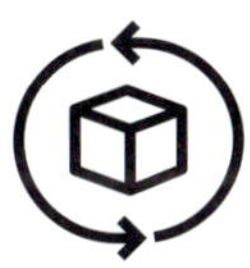
C .... 
D .... 

6 Beschreiben Sie den Weg von einem Paket vom Lager zum Empfänger. Machen Sie Notizen.

Lernwortschatz

die Abholung, -en ....
abliefern, hat abgeliefert ....
die Ablieferung, -en ....
der Absender, – ....
die Anschrift, -en ....
ausliefern, hat ausgeliefert ....
die Auslieferung, -en ....
der Eingang, ¨-e ....
eingehen, ist eingegangen ....
der Empfänger, – ....
der Erhalt (Sg.) ....
erhalten, hat erhalten ....
gewährleisten, hat gewährleistet ....
die Retoure, -n ....
retournieren, hat retourniert ....
die Rücklieferung, -en ....
der Versand (Sg.) ....
versenden, hat versendet ....
zurücksenden, hat zurückgesendet ....
....
zustellen, hat zugestellt ....
die Zustellung, -en ....

30 Etiketten und Markierungen

1 Finden Sie sechs Wörter und ergänzen Sie.

PKNETIKETTENDRUCKERBMNQSLSCANNERMNVQDSTEMPELBXJHXAMBQJBARCODE
MBQGXPREISSCHILDWQÖAPCMPLAKETTEMQBVG

1 der ....

2 der ....

3 der ....

4 der ....

5 das ....

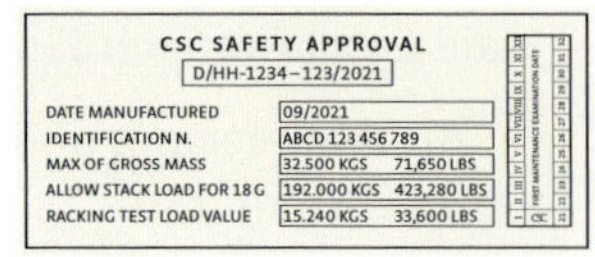

6 die CSC-..........

2 Welche Wörter hören Sie? Hören Sie zweimal und kreuzen Sie an.

1 ○ Kennzeichnung
2 ○ Aufkleber
3 ○ Produktidentifizierung
4 ○ Prüfziffer
5 ○ Verfallsdatum
6 ○ RFID-Technologie
7 ○ Markierungen
8 ○ Stempel
9 ○ Bildzeichen
10 ○ Identifizierungszeichen
11 ○ Label
12 ○ Neutralisierung

3 Was passt? Ordnen Sie zu. (Zu einem Text gibt es kein Bild. Schreiben Sie dort X.)

1 ...... Das Warnetikett weist darauf hin, dass man ein besonderes Gut transportiert. Es kann auch Transporthinweise geben.

2 ...... Das Markierungsetikett weist auf etwas Besonderes hin, das zur Lieferung gehört (zum Beispiel ein Lieferschein oder die Rechnung).

3 ...... Die CSC-Plakette ist eine Markierung auf einem Container. Auf der Plakette stehen Informationen zum Container. Ohne diese Plakette darf man Container nicht international transportieren.

4 ...... Das Adressetikett zeigt den Namen und die Adresse vom Empfänger.

A

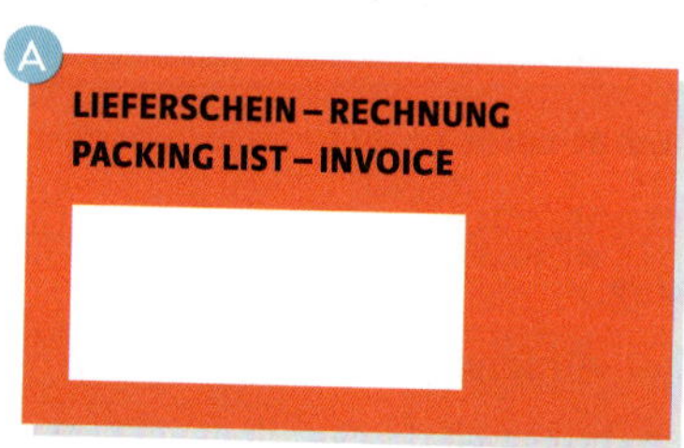

B

C

4 Ergänzen Sie.

1 .... – die Identifizierung
2 markieren – die ....
3 .... – der Scanner
4 kennzeichnen – die ....

5 Bilden Sie zusammengesetzte Wörter und ergänzen Sie.

1 Ein Etikett mit einer Adresse ist ein ....
2 Ein Etikett, das warnt, ist ein ....
3 Ein Zeichen mit einem Bild ist ein ....
4 Die Identifizierung von einem Produkt ist eine ....
5 Ein Zeichen, das bei der Identifizierung hilft, ist ein ....
6 Ein Hinweis für den Transport ist ein ....

6 Was passt nicht? Streichen Sie.

1 das Label – das Etikett – die RFID-Technologie – der Aufkleber
2 der Warencode – das Verfallsdatum– der Barcode – die Prüfziffer
3 der Etikettendrucker – der Stempel – der Transporthinweis
4 die Markierung – die Kennzeichnung – die Neutralisierung

7 Ergänzen Sie die Buchstaben.

Informationen auf einem [1] **_ t _ k _ tt**

der Name und die [2] _ dr _ ss _ des Empfängers

der [3] B _ rc _ d _

das [4] B _ ldz _ _ ch _ n /
das [5] W _ rn _ t _ k _ tt mit
[6] Tr _ nsp _ rth _ nw _ _ s _ n

die [7] Pr _ fz _ ff _ r

8 Welche Arten von Kennzeichnungen und Markierungen kennen Sie? Machen Sie eine Liste.

Lernwortschatz

das Adressetikett, -en ....
der Aufkleber, – ....
der Barcode, -s ....
das Bildzeichen, – ....
die CSC-Plakette, -n ....
der Etikettendrucker, – ....
identifizieren, hat identifiziert ....
das Identifizierungszeichen, – ....
die Kennzeichnung, -en ....
das Label, -s ....
markieren, hat markiert ....
die Markierung, -en ....
das Markierungsetikett, -en ....

die Neutralisierung, -en ....
das Preisschild, -er ....
die Produktidentifizierung, -en ....
....
die Prüfziffer, -n ....
die RFID-Technologie, -n ....
scannen, hat gescannt ....
der Scanner, – ....
der Stempel, – ....
der Transporthinweis, -e ....
das Verfallsdatum, -daten ....
der Warencode, -s ....
das Warnetikett, -en ....

31 Dokumente und Verträge

1 Schreiben Sie die Wörter richtig.

1 Zu den Transportdokumenten gehören zum Beispiel .... (briefeFracht) und .... (scheineLade).
2 Ein Ladeschein ist ein .... (mentDoku), das man auch in der Binnenschifffahrt benutzt. Der Frachtführer darf die Güter dem Menschen geben, der ihm den Ladeschein zeigt.
3 Ein Avis ist eine .... (digungAnkün). Dieses Dokument sagt, wann die Lieferung kommt.
4 Ein Lieferschein liegt bei der Ware. Auf diesem Schein stehen .... (gaAnben) über die Art und die Menge der Waren.
5 Ein Abnahmeschein ist eine .... (tungQuit). Der Empfänger unterzeichnet diesen Beleg, wenn er Waren aus einem Lager bekommt.
6 Mit einem .... (scheinLager) quittieren Unternehmen, dass sie Ware zum Lagern übernommen haben. Wenn sie die Ware wieder abgeben, bekommen sie dieses .... (stückSchrift) zurück. Wenn dieser Schein auch international gilt, heißt er FWR (FIATA Warehouse Receipt).

2 Wie kann man das auch sagen? Umkreisen Sie.

1 bestätigen, dass man eine Lieferung bekommen hat = eine Lieferung bestellen – quittieren
2 für Waren Zoll bezahlen = Waren kaufen – verzollen
3 einen Frachtvertrag unterschreiben = einen Frachtvertrag unterzeichnen – herunterladen
4 einen Lieferschein schreiben = einen Lieferschein ausstellen – ausgeben

3 Hören Sie. Lesen und ergänzen Sie dann.

Frachtvertrag | Geschäftsbedingungen | Lagervertrag | Logistikvertrag

1 Allgemeine .... sind die Regeln, die für alle Verträge gelten.
2 Ein .... ist ein Vertrag zwischen dem Unternehmen, das ein Lager hat (= Lagerhalter), und einem Unternehmen, das Waren einlagern möchte (= Einlagerer).
3 Ein .... ist ein Vertrag, mit dem ein Unternehmen schriftlich oder mündlich bestätigt, dass es den Transport von Gütern übernimmt.
4 Ein .... ist ein Vertrag über eine Zusammenarbeit von einem Auftraggeber und einer Spedition oder einem Lagerhalter.

4 Bilden Sie Wörter. Notieren Sie auch die Artikel.

1 das Lager + der Vertrag = ……………
2 die Fracht + der Brief = ……………
3 die Abnahme + der Schein = ……………
4 die Logistik + der Vertrag = ……………
5 der Transport + das Dokument = ……………
6 das Geschäft + s + die Bedingungen = ……………

5 Ergänzen Sie.

1 Ein Lagerhalter und ein Einlagerer un□□□zei□□□en einen Lagervertrag.
2 Der Lagerhalter muss einen Lagerschein aus□□□llen, wenn er die Ware bekommt.
3 Wenn man eine Lieferung erhält, muss man sie qu□□□ieren.
4 Waren aus den USA oder China muss man an der EU-Grenze ver□□□□en.

6 Was passt nicht? Streichen Sie.

1 der Frachtbrief – der Ladeschein – der Lagervertrag
2 das Schriftstück – der Zoll – das Dokument
3 die Allgemeinen Geschäftsbedingungen – die Quittung – der Beleg
4 das FWR – der Lieferschein – der internationale Lagerschein
5 der Logistikvertrag – die Ankündigung – der / das Avis
6 die Angabe – die Information – das Transportdokument

7 Mit welchen Dokumenten haben Sie Erfahrungen gemacht? Machen Sie Notizen.

Lernwortschatz

der Abnahmeschein, -e ……………
Allgemeine Geschäftsbedingungen (Pl.) ……………
……………
die Angabe, -n ……………
die Ankündigung, -en ……………
ausstellen, hat ausgestellt ……………
der / das Avis, – / -e ……………
der Beleg, -e ……………
das Dokument, -e ……………
der Frachtbrief, -e ……………
der Frachtvertrag, ¨-e ……………
der / das FWR (FIATA Warehouse Receipt), – ……………
……………
der Ladeschein, -e ……………
der Lagerschein, -e ……………
der Lagervertrag, ¨-e ……………
der Lieferschein, -e ……………
der Logistikvertrag, ¨-e ……………
quittieren, hat quittiert ……………
die Quittung, -en ……………
das Schriftstück, -e ……………
das Transportdokument, -e ……………
unterzeichnen, hat unterzeichnet ……………
……………
verzollen, hat verzollt ……………
der Zoll, ¨-e ……………

32 Richtlinien und Normen

1 a **Hören Sie und beschriften Sie dann die Bilder. (Nicht alles passt.)**

die Datenverarbeitung | die Kundenzufriedenheit | die Norm | das Recht | die Qualitätskontrolle | die Trennvorschrift | der Zollverschluss

1 ....

2 ....

3 ....

4 ....

5 ....

6 ....

b **Hören Sie noch einmal. Was passt? Kreuzen Sie an.**

1 Wir führen schon seit Jahren ○ Kontrollen ○ Richtlinien durch.
2 Die ○ DIN-Norm ○ ISO-Normung gilt international.
3 Ohne ○ EDV ○ DIN kommt man bei der Lagerverwaltung und Buchführung nicht weit.
4 Damit die Waren nicht verändert werden, benutzt der Zoll Plomben oder ○ Siegel. ○ Trennvorschriften.
5 Jedes Unternehmen hat laut Gesetz ○ Rechte und Pflichten. ○ ein Total-Quality-Management-System.

2 **Was passt zusammen? Verbinden Sie.**

1 etwas kontrollieren
2 Richtlinien kennen und einhalten
3 etwas einheitlich machen
4 etwas müssen
5 die gesetzliche Erlaubnis haben

A Pflichten haben
B sich auf eine Norm einigen
C das Recht haben
D eine Kontrolle durchführen
E Regeln beachten

3 **Was passt? Ergänzen Sie.**

DIN | EDV | ISO | TQM

1 Internationale Organisation für Normung / International Organization for Standardization (..........)
2 Elektronische Datenverarbeitung (..........)
3 Deutsches Institut für Normung (..........)
4 Total-Quality-Management (..........)

4 Bilden Sie Wörter. Notieren Sie auch die Artikel.

1 die Kunden + die Zufriedenheit = ……………………

2 trenn~~en~~ + die Vorschrift = ……………………

3 richt~~en~~ + die Linie = ……………………

4 die Qualität + s + die Kontrolle = ……………………

5 der Zoll + der Verschluss = ……………………

6 die Daten + die Verarbeitung = ……………………

5 Die markierten Wörter stehen an der falschen Stelle. Korrigieren Sie.

Eine [1] Verladung ist eine Regel für die [2] Trennvorschrift oder Lagerung von Gefahrgütern oder [3] gesetzlichen Stoffen. Bestimmte [4] Richtlinien dürfen zum Beispiel nicht in einem Container nebeneinander [5] durchführen. Im Seeverkehr sind die [6] gefährlichen Vorschriften besonders streng. Stauereien müssen die [7] Güter genau beachten und Kontrollen [8] stehen.

1 ……………………
2 ……………………
3 ……………………
4 ……………………
5 ……………………
6 ……………………
7 ……………………
8 ……………………

6 Was passt nicht? Streichen Sie.

1 der Zollverschluss: das Siegel – die ISO-Normung – die Plombe
2 die Norm: TQM – DIN – ISO
3 die Qualität: das Total-Quality-Management – die Qualitätskontrolle – die EDV
4 die Regel: die Richtlinie – die Kundenzufriedenheit – die Vorschrift

7 Welche DIN- oder ISO-Normen kennen Sie? Machen Sie Notizen.

Lernwortschatz

beachten, hat beachtet ……………………
die Datenverarbeitung (Sg.) ……………………
DIN (Sg.) ……………………
durchführen, hat durchgeführt ……………………
die EDV (Sg.) ……………………
gesetzlich ……………………
ISO (Sg.) ……………………
die ISO-Normung, -en ……………………
die Kontrolle, -n ……………………
kontrollieren, hat kontrolliert ……………………
die Kundenzufriedenheit, -en ……………………
……………………

die Norm, -en ……………………
die Pflicht, -en ……………………
die Plombe, -n ……………………
die Qualitätskontrolle, -n ……………………
das Recht, -e ……………………
die Richtlinie, -n ……………………
das Siegel, – ……………………
das Total-Quality-Management (Sg.) ……………………
……………………
die Trennvorschrift, -en ……………………
die Vorschrift, -en ……………………
der Zollverschluss, ¨-e ……………………

33 Schäden und Mängel

1 a **Was passt? Hören Sie und ordnen Sie zu: 1, 2 oder 3. Zu einem Text gibt es kein Foto.**

A  ....

B  ....

b **Hören Sie noch einmal. Was hören Sie nicht? Streichen Sie.**

1 Wie können Verpackungen beschädigt sein?
der Riss – der Lichteinfall – das Loch – die Verformung
2 Was sollte man beim Beladen von Containern tun?
auf Sauberkeit achten – Ladungsrückstande beseitigen – Verlust melden
3 Wie entsteht Container- oder Ladungsschweiß und was hilft dagegen?
das Kondenswasser – die Reklamation – die Feuchtigkeit – das Trockenmittel

2 **Schreiben Sie die Wörter richtig.**

1 Wenn die Sonne in einen Raum scheint, spricht man von .... (einLichtfall).
2 Leichte Nässe ist .... (keitFeuchtig).
3 Bei einem Schaden oder Mangel spricht man auch von einer .... (schädiBegung).
4 Containerschweiß und Ladungsschweiß entstehen durch .... (wasserKondens).
5 Das Trockenmittel hilft gegen Nässe. Es sorgt für .... (heitTrocken).
6 Wenn man Ladungsrückstande und Müll beseitigt, achtet man auf .... (Saukeitber).

3 **Ergänzen Sie.**

beschädigen | beseitigen | reklamieren | verformen | verlieren

1 weniger Ladung als vorher haben: Ladung ....
2 eine Ware kaputt machen : eine Ware ....
3 sagen, dass es einen Mangel gibt: einen Mangel ....
4 den Laderaum nach Entladung reinigen: Ladungsrückstände ....
5 nicht mehr die alte Form haben: sich ....

4 **Verbinden Sie.**

1 der Ladungs — B
2 der Container
3 der Licht
4 das Trocken
5 das Kondens

A einfall
B rückstand
C mittel
D wasser
E schweiß

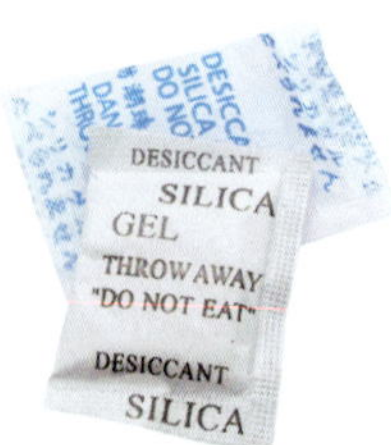

5 **Wie heißt das Nomen? Ergänzen Sie mit Artikel.**

1 reklamieren – die Reklamation
2 verlieren – ……
3 sich verformen – ……
4 beschädigt – ……
5 sauber – ……
6 trocken – ……

6 **Lösen Sie das Rätsel.**

1 V _ _ _ _ _ _ _ _ G
2 R _ _ _ _ _ _ _ _ _ N
3 T _ _ _ _ _ _ _ _ _ _ _ L
4 F _ _ _ _ _ _ _ _ _ _ T
5 L _ _ _ _ _ _ _ _ _ _ L
6 L _ _ H

7 **Mit welchen Mängeln oder Beschädigungen an Waren haben Sie Erfahrungen gemacht? Machen Sie Notizen.**

Lernwortschatz

beschädigen, hat beschädigt ……
beschädigt ……
die Beschädigung, -en ……
beseitigen, hat beseitigt ……
der Containerschweiß (Sg.) ……
……
die Feuchtigkeit (Sg.) ……
das Kondenswasser (Sg.) ……
der Ladungsrückstand, ⸚e ……
der Ladungsschweiß (Sg.) ……
der Lichteinfall, ⸚e ……
das Loch, ⸚er ……

der Mangel, ⸚ ……
die Reklamation, -en ……
reklamieren, hat reklamiert ……
der Riss, -e ……
die Sauberkeit (Sg.) ……
der Schaden, ⸚ ……
die Trockenheit (Sg.) ……
das Trockenmittel, – ……
sich verformen, hat sich verformt ……
die Verformung, -en ……
verlieren, hat verloren ……
der Verlust, -e ……

34 Im Schadensfall

1 Hören Sie und ergänzen Sie dann die Wörter.

Elementarrisiko | Gefahrenübergang | Haftungsausschluss | höhere Gewalt

1 Von ______ im Lager spricht man bei Gefahren durch Feuer, Sturm oder Wasser und auch Diebstahl. Man braucht für die Güter im Lager eine Lagerversicherung. Sie deckt diese Schäden ab.
2 ______ ist eine Gefahr, die man nicht gut kontrollieren kann. Dazu gehören Naturkatastrophen wie Erdbeben, aber auch Streik oder Kriege.
3 Der ______ ist der Zeitpunkt, an dem das Risiko von einem Unternehmen auf ein anderes wechselt. Zum Beispiel, wenn ein Lager die Ware an ein Transportunternehmen übergibt.
4 Von ______ spricht man, wenn man mit einem Vertrag die Haftung für einen Schaden ausschließt. Wenn ein Käufer zum Beispiel fahrlässig handelt oder ein Gerät nicht sachgerecht bedient, muss der Verkäufer nicht für den Schaden haften.

2 Schreiben Sie die Verben richtig.

1 ◆ Wie erklären Sie sich den Schwund?
○ Ich denke, wir müssen einen Diebstahl ______ (denmel).
2 ◆ Gegen welche Risiken müssen wir die Ware ______ (chernsiver)?
○ Vielleicht fragen wir bei der Versicherung nach?
3 ◆ Mit welchem Formular kann ich die Sachschäden ______ (senfaser)?
○ Warte, ich zeige es dir. Hier gibt es ein Dokument für Schadensanzeigen.
4 ◆ Abgang bedeutet, dass man Waren verliert. Das kann beim Transport passieren, aber auch bei der Lagerung oder durch Diebstahl.
○ Und wer muss im Schadensfall ______ (tenhaf)?
5 ◆ Welche Versicherung soll den Schaden ______ (ckendeab)?
○ Warte, da müssen wir in den Versicherungsunterlagen nachschauen. Hoffentlich stehen im Vertrag keine Vereinbarungen, die die Haftung ______ (ßenschlieaus).

3 Ergänzen Sie.

1 riskieren – ______
2 ______ – der Ausschluss
3 ______ – die Erfassung
4 ______ – die Haftung

4 Bilden Sie Wörter. Notieren Sie auch die Artikel.

1 elementar + das Risiko = ______
2 die Gefahren + der Übergang = ______
3 der Schaden + s + der Fall = ______
4 die Haftung + s + der Ausschluss = ______
5 der Schaden + s + die Anzeige = ______

5 Wie heißt das Gegenteil? Ergänzen Sie.

fahrlässig | sachgerecht | unbegrenzt

1 Ist die Haftung auf eine bestimmte Summe begrenzt? Oder ist sie ....?
2 Waren Sie vorsichtig? Oder haben Sie vielleicht .... gehandelt?
3 Haben Sie die Ware falsch verpackt? Oder war die Verpackung ....?

6 Wie kann man das auch sagen? Bilden Sie Wörter und ergänzen Sie.

che | Er | fas | Haf | rung | si | sung | tung | Ver

1 Die Transportfirma haftet für die Sachschäden. = Die Transportfirma trägt die .... für die Sachschäden.
2 Sind die Güter versichert? = Hat jemand eine .... für die Güter abgeschlossen?
3 Mit diesem Formular kann man die Schäden genau erfassen. = Dieses Formular hilft bei der .... von Schäden.

7 Welche vier Wörter beschreiben, dass Güter nicht mehr da sind? Markieren Sie und notieren Sie Definitionen für diese Wörter.

der Abgang | die Haftung | das Risiko | der Schwund

der Verlust | der Diebstahl | die Versicherung

der Gefahrenübergang | die Erfassung | der Sachschaden

Lernwortschatz

abdecken, hat abgedeckt ....
der Abgang, ⸚e ....
ausschließen, hat ausgeschlossen ....
begrenzt ....
der Diebstahl, ⸚e ....
das Elementarrisiko, -risiken ....
erfassen, hat erfasst ....
die Erfassung, -en ....
fahrlässig ....
der Gefahrenübergang, ⸚e ....
haften, hat gehaftet ....
die Haftung, -en ....
der Haftungsausschluss, ⸚e ....
die höhere Gewalt (Sg.) ....
melden, hat gemeldet ....
das Risiko, Risiken ....
sachgerecht ....
der Sachschaden, ¨ ....
der Schadensfall, ⸚e ....
die Schadensanzeige, -n ....
der Schwund (Sg.) ....
unbegrenzt ....
versichern, hat versichert ....
die Versicherung, -en ....

35 Abfall entsorgen

1 Lesen Sie die Definitionen und ergänzen Sie dann. (Nicht alles passt.)

der Abfallstoff | die Mehrwegverpackung | die Entsorgungslogistik | das Kreislaufwirtschafts- und Abfallgesetz | das Recycling

1 ……………………
Das ist ein Stoff oder Gegenstand, den man nicht mehr verwendet. Einige dieser Stoffe (= Wertstoffe) kann man wiederverwerten, bei anderen bleibt nur die Beseitigung (zum Beispiel durch Verbrennen).

2 ……………………
Dazu gehören alle logistischen Dienstleistungen rund um das Thema Reststoffe, also der Transport, die Lagerung und der Umschlag von Abfallstoffen. Außerdem sorgen die Logistikunternehmen in diesem Bereich dafür, dass man die Reststoffe sammelt, sortiert und dann wiederverwertet oder entsorgt (= kompostiert, deponiert oder verbrennt).

3 ……………………
Das Gesetz fördert die Kreislaufwirtschaft, die die natürlichen Ressourcen schonen soll. Es sichert die umweltverträgliche Beseitigung von Abfallstoffen. So soll man Güter und Stoffe, die man nicht mehr verwenden kann oder will (zum Beispiel Einwegverpackungen), recyceln lassen.

4 ……………………
Das ist die stoffliche oder energetische Wiederverwertung von Reststoffen, die so wieder in den Wirtschaftskreislauf kommen.

2 Welche Verben hören Sie? Kreuzen Sie an.

1 ○ entsorgen
2 ○ beseitigen
3 ○ verwenden
4 ○ schonen
5 ○ verpacken
6 ○ sortieren
7 ○ wiederverwerten
8 ○ verbrennen

3 Schreiben Sie die Wörter richtig.

1 Wenn man Stoffe wiederwerten kann, heißen sie …………………… (stoffeWert).
2 Wenn man eine Verpackung nur einmal verwenden kann, nennt man sie …………………… (packungverEinweg).
3 Wenn man eine Verpackung mehrfach benutzen kann, ist das eine …………………… (wegpackungMehrver).
4 Wenn man Abfallstoffe beseitigt, nennt man das Entsorgung oder …………………… (tigungBesei).
5 Wenn man umweltverträglich handeln möchte, sollte man …………………… (censourRes) schonen.

4 Wie heißt das Nomen? Ergänzen Sie mit Artikel.

1 verpacken – ……………………
2 entsorgen – ……………………
3 wiederverwerten – ……………………
4 recyceln – ……………………
5 beseitigen – ……………………

5 Was passt? Ergänzen Sie = oder ≠.

1 recyceln …… wiederverwerten
2 benutzen …… verwenden
3 einmal …… mehrfach
4 der Abfallstoff …… der Reststoff
5 die Umwelt schonen …… umweltverträglich sein
6 die Beseitigung …… die Wiederverwertung

6 Was passt nicht? Streichen Sie.

umweltverträglich handeln

- Abfall sammeln und sortieren
- Recycling
- Wertstoffe verbrennen
- Ressourcen schonen
- Wertstoffe wiederverwerten
- Mehrwegverpackungen verwenden
- das Kreislaufwirtschafts- und Abfallgesetz beachten

7 Was passt zusammen? Verbinden Sie.

1 die Mehrweg
2 der Wert
3 der Kreis
4 die Wieder
5 das Kreislaufwirtschafts- und Abfall

A gesetz
B verwertung
C verpackung
D lauf
E stoff

8 Wie geht man mit Abfallstoffen umweltverträglich um? Machen Sie Notizen.

Lernwortschatz

der Abfall, ¨-e ……
der Abfallstoff, -e ……
die Beseitigung, -en ……
die Einwegverpackung, -en ……
entsorgen, hat entsorgt ……
die Entsorgung (Sg.) ……
der Kreislauf, ¨-e ……
das Kreislaufwirtschafts- und Abfallgesetz (Sg.) ……
……
mehrfach ……
die Mehrwegverpackung, -en ……
das Recycling (Sg.) ……
die Ressource, -n ……
der Reststoff, -e ……
schonen, hat geschont ……
sortieren, hat sortiert ……
die Umwelt (Sg.) ……
umweltverträglich ……
verbrennen, hat verbrannt ……
verwenden, hat verwendet ……
der Wertstoff, -e ……
wiederverwerten, hat wiederverwertet ……
……
die Wiederverwertung (Sg.) ……

Wörterverzeichnis

Die Zahl gibt die Nummer des Wortfelds an.

die ABC-Analyse, -n **19**
abdecken, hat abgedeckt **34**
der Abfall, ¨-e **35**
der Abfallstoff, -e **35**
der Abgang, ¨-e **34**
abholen, hat abgeholt **2, 25**
die Abholung, -en **25, 29**
abladen, hat abgeladen **22**
die Abladestelle, -n **22**
der Ablauf, ¨-e **7**
ablehnen, hat abgelehnt **6**
abliefern, hat abgeliefert **29**
die Ablieferung, -en **29**
abmessen, hat abgemessen **5**
die Abmessung, -en **5**
der Abnahmeschein, -e **31**
abpacken, hat abgepackt **28**
abpalettieren, hat abpalettiert **20**
die Absackanlage, -en **11**
die Abschreibung, -en **19**
der Absender, – **29**
abstapeln, hat abgestapelt **22**
abwickeln, hat abgewickelt **6**
die Abwicklung, -en **6**
die Achslast, -en **4**
das Adressetikett, -en **30**
das A-Gestell, -e **18**
das A-Gut, ¨-er **8**
akquirieren, hat akquiriert **6**
die Akquisition, -en **6**
Allgemeine Geschäftsbedingungen (Pl.) **31**
das Aluminium (Sg.) **12**
die Angabe, -n **31**
der Anhänger, – **27**
die Ankündigung, -en **31**
die Anlage, -n **21**
annehmen, hat angenommen **6**
anschlagen, hat angeschlagen **24**
das Anschlagmittel, – **24**
der Anschlagpunkt, -e **24**
die Anschrift, -en **29**
die Antirutschmatte, -n **23**
das Arbeitsmittel, – **3**
der Arbeitsschutz (Sg.) **10**
das Arbeitsschutzgesetz, -e (ASG) **10**
der Armschutz (Sg.) **10**
artikelrein **20**
die Atemmaske, -n **10**
ätzend **9**
der Aufbau, -ten **27**
aufbewahren, hat aufbewahrt **15**
der Aufkleber, – **30**
der Auftrag, ¨-e **2, 6**
der Augenschutz (Sg.) **10**
ausführen, hat ausgeführt **6**
die Ausführung, -en **6**
auslagern, hat ausgelagert **15**
die Auslagerung, -en **15**
der Auslagerungspunkt, -e **17**
ausliefern, hat ausgeliefert **29**
die Auslieferung, -en **29**
das Auslieferungslager, – **16**
ausreichend **7**
ausschließen, hat ausgeschlossen **34**
das Außenmaß, -e **5**
das Außenpackmittel, – **14**
die Außenverpackung, -en **11**
ausstellen, hat ausgestellt **31**
die Austauschpalette, -n **20**
der / das Avis, – / -e **31**
der Bahnwagen, – **26**
der Bahnwaggon, -s **26**
der Balken, – **23**
der Barcode, -s **30**
die Basiszeit, -en **7**
beachten, hat beachtet **32**
befestigen, hat befestigt **3, 24**
befördern, hat befördert **23, 25**
die Beförderung, -en **25**
die Beförderungssicherheit (Sg.) **23**
der Befrachter, – **2**
die Begasung, -en **14**
begrenzt **34**
der Behälter, – **11, 18**
das Behälterregal, -e **18**
der Beinschutz (Sg.) **10**
beladen, hat beladen **22**
der Beleg, -e **28, 31**
belegen, hat belegt **15**
beleglos **28**
die Belegung, -en **15**
berechnen, hat berechnet **6**
bereitstellen, hat bereitgestellt **28**
die Bereitstellung, -en **28**
beschädigen, hat beschädigt **33**
beschädigt **33**
die Beschädigung, -en **33**
die Beschaffung (Sg.) **1**
die Beschaffungslogistik (Sg.) **1**
beschichtet **11**
beseitigen, hat beseitigt **33**
die Beseitigung, -en **35**
der Bestand, ¨-e **19**
bestellen, hat bestellt **19**
die Bestellung, -en **19**
der Bestimmungshafen, ¨ **25**
der Bestimmungsort, -e **25**
betreiben, hat betrieben **2**
die Betriebssicherheit (Sg.) **10**
der Beutel, – **11**
beweglich **14**
das Bildzeichen, – **30**
der Binnencontainer, – **20**
das Binnenschiff, -e **26**
die Binnenschifffahrt (Sg.) **26**
die Blisterverpackung, -en **11**
die Blocklagerung, -en **17**
der Boden, ¨ **23**
die Bodenlagerung, -en **17**
an Bord, von Bord **22**
die Box, -en **11**
die Boxpalette, -n **20**
das Brandschutzzeichen, – **10**
braune Ware, -n **8**
die Breite, -n **5**
das Brett, -er **23**
brutto **4**
das Bruttogewicht (Sg.) **4**
der Buchbestand, ¨-e **19**
die Buchführung, -en **19**
der Bulkcontainer, – **20**
das Bund, -e / das Bündel, – **28**
bündig **24**
das Bunkerlager, – **16**
der Cargo, -s **8**
der Carrier, – **2**
chaotisch: die chaotische Lagerung **17**
die Charge, -n **8**
der Chip, -s **13**
der Container, – **20**
der Containerschweiß (Sg.) **33**
die CSC-Plakette, -n **30**
das Dach, ¨-er **23**
die Dachabdeckung, -en **20**
die Datenverarbeitung (Sg.) **32**
das Dauerlager, – **16**

steuern, hat gesteuert **1**
die Steuerung, -en **1**
stretchen, hat gestretcht **14**
die Stretchfolie, -n **14**
das Stückgut, ¨-er **8**
die Stütze, -n **23**
das Styropor (Sg.) **12**
der Subunternehmer, – **2**
das System, -e **1**
der Tagesumsatz, ¨-e **19**
der Tank, -s **27**
das Tanklager, – **16**
das Tankschiff, -e **26**
der Tankwagen, – **27**
die Tara, Taren **4**
das tatsächliche Gewicht **4**
teilautomatisch **15**
teiloffen **20**
die Temperatur, -en **8**
tiefgekühlt **8**
die Tonne, -n **4**
das Total-Quality-Management (Sg.) **32**
die Totzeit, -en **7**
die Tour, -en **25**
die Tourenplanung, -en **25**
das Tracking and Tracing (Sg.) **7**
die Tragfähigkeit (Sg.) **18**
der Trailer, – **27**
transkontinental **25**
der Transport, -e **1, 25**
das Transportdokument, -e **31**
transportfähig **25**
das Transportgut, ¨-er **8**
der Transporthinweis, -e **30**
transportieren, hat transportiert **1, 25**
das Transportmittel, – **26**
die Transportsicherung (Sg.) **23**
die Trennungslagerung, -en **17**
die Trennvorschrift, -en **32**
die Trockenheit (Sg.) **33**
das Trockenmittel, – **33**
die Türöffnung, -en **20**
übergeben, hat übergeben **2**
die Überlagernahme, -n **25**
übernehmen, hat übernommen **2**
umladen, hat umgeladen **22**
die Umlagerung, -en **17**
das Umlaufregal, -e **18**
das Umreifungsband, ¨-er **13**
der Umsatz, ¨-e **19**
der Umschlag (Sg.) **1, 25**
umschlagen, hat umgeschlagen **1**
die Umschlagshäufigkeit, -en **19**
die Umverpackung, -en **11**
die Umwelt (Sg.) **35**
umweltverträglich **35**
unbegrenzt **34**
die Unfallverhütung (Sg.) **10**
die Unfallverhütungsvorschrift, -en **10**
unfrei **6**
der Unstetigförderer, – **21**
unterbrechen, hat unterbrochen **8**
die Unterlage, -n **23**
das Unternehmen, – **2**
unterzeichnen, hat unterzeichnet **31**
unverpackt **11**
das Ursprungsland, ¨-er **25**
das Verbotszeichen, – **9**
verbrennen, hat verbrannt **35**
das Verfahren, – **28**
das Verfallsdatum, -daten **30**
die Verfolgung, -en **7**
die Verformung, -en **33**
der Verfrachter, – **2**
die Verkaufsverpackung, -en **11**
verladen, hat verladen **22**
die Verladung, -en **22**
verlaschen, hat verlascht **24**
verlieren, hat verloren **33**
der Verlust, -e **33**
verpacken, hat verpackt **11**
verpackt **11**
die Verpackung, -en **11**
verrutschen, ist verrutscht **24**
der Versand (Sg.) **29**
der Versandort, -e **25**
das Verschieberegal, -e **18**
versenden, hat versendet **29**
der Versender, – **2**
versichern, hat versichert **34**
die Versicherung, -en **34**
verteilen, hat verteilt **22**
die Verteilzeit, -en **7**
vertikal **5**
die Verwahrung (Sg.) **15**
verwenden, hat verwendet **35**
verzollen, hat verzollt **31**
vollautomatisch **15**
das Volumen, – **5**
voraussichtlich **7**
vorhalten, hat vorgehalten **19**
das Vorratslager, – **16**
die Vorschrift, -en **32**
die Vorsichtsmarkierung, -en **9**
vorübergehend **17**
waag(e)recht **5**
das Wabenregal, -e **18**
das Wagenverdeck, -e **27**
die Ware, -n **8**
Ware zum Mann **28**
der Warencode, -s **30**
das Warenwirtschaftssystem, -e **28**
das Warnetikett, -en **30**
die Warntafel, -n **9**
die Warnung, -en **9**
das Warnzeichen, – **9**
wasserabweisend **11**
wasserdicht **11**
die Wegzeit, -en **7**
weiße Ware, -n **8**
die Wellpappe, -n **12**
weltweit **25**
das Werkzeug, -e **3**
der Wertstoff, -e **35**
wickeln, hat gewickelt **13**
wiederverwerten, hat wiederverwertet **35**
die Wiederverwertung (Sg.) **35**
wiegen, hat gewogen **4**
die Zählwaage, -n **4**
die Zange, -n **3**
die Zeilenlagerung, -en **17**
zeitkritisch **7**
zeitlich **7**
das Zentrallager, – **16**
zerbrechlich **9**
der Zoll, ¨-e **31**
das Zolllager, – **16**
der Zollverschluss, ¨-e **32**
zulässig **4**
zurren, hat gezurrt **24**
der Zurrgurt, -e **24**
die Zurrkette, -n **24**
das Zurrmittel, – **24**
die Zurröse, -n **24**
der Zurrpunkt, -e **24**
der Zurrring, -e **24**
der Zurrsteg, -e **24**
zurücksenden, hat zurückgesendet **29**
zusammenklappbar **11**
zusammenklappen, hat zusammengeklappt **11**
zusammenstellen, hat zusammengestellt **28**
zustellen, hat zugestellt **29**
die Zustellung, -en **29**
die Zwischenlagerung, -en **17**

Quellenverzeichnis

Cover © Getty Images/E+/SeanShot

S. 5: Karteikarten: Hueber Verlag/Thomas Stark; Pritschenwagen © Getty Images/DigitalVision Vectors/youngID

S. 6: 1: 1 © Getty Images/iStock/gilleslougassi;
2 © Getty Images/E+/stockvisual;
3 © Getty Images/iStock/luoman;
4 © Getty Images/iStock/deadandliving;
4: A © Thinkstock/iStock/duleloncar_ns;
B © Getty Images/DigitalVision Vectors/LueratSatichob;
C © Thinkstock/Hemera/Vadim Shulepnikov;
D © Thinkstock/iStock/AnnaFrajtova

S. 7: 1–3: Hueber Verlag/Sophie Bischoff;
4 © Getty Images/iStock/Ankudi

S. 8: 1 © Getty Images/iStock/kumdinpitak;
2 © Getty Images/iStock/Ket4up;
3 © Getty Images/iStock/revel.stockart;
4 © Getty Images/iStock/StefanIlic;
5 © Getty Images/iStock/alexkava;
Foto © Getty Images/iStock/af_istocker

S. 9: © Thinkstock/iStockphoto

S. 10: 1: 1 © Thinkstock/Stockbyte;
2 © eermedia – stock.adobe.com;
3 © Getty Images/E+/Rouzes;
4 © Thinkstock/iStock/koosen;
5 © Thinkstock/iStock/Zoonar RF;
6 © Getty Images/iStock/ArminStautBerlin;
7 © Getty Images/iStock/ScantyNebula;
8 © fotolia/K.-U. Häßler;
9 © Thinkstock/iStock;
10 © Getty Images/iStock/fusaromike;
11 © Getty Images/iStock/Bibica;
2: Foto © Getty Images/iStock/Vladimir Mironov

S. 11: © Getty Images/iStock/Yevhenii Orlov

S. 12: 1 © Getty Images/iStock/ellobo1;
2 © Getty Images/iStock/adventtr;
3 © Getty Images/iStock/Rost-9D;
4 © fotolia/sunt;
5 © Getty Images/iStock/gt29

S. 14: 1: 1–6: Hueber Verlag/Sophie Bischoff;
7: Hueber Verlag/Mascha Greune, München; 2: Holzkiste © Getty Images/iStock/ISerg

S. 15: Container © Thinkstock/iStock/gl0ck; Schachtel © Getty Images/iStock/wasja

S. 16: © Getty Images/E+/LaylaBird

S. 17: © Getty Images/iStock/Smederevac

S. 19: Foto © Getty Images/iStock/Zephyr18, B © Getty Images/DigitalVision Vectors/South_agency;
C © Getty Images/iStock/RachaStock

S. 20: 1 © Getty Images/iStock/idal;
2 © Getty Images/iStock/NosUA;
3 © Getty Images/iStock/Grassetto;
4 © Getty Images/iStock/filmfoto

S. 21: 1 © shootingankauf – stock.adobe.com; 2 © Getty Images/iStock/mbbirdy;
3 © Getty Images/iStock/ksass

S. 22: Foto © Getty Images/iStock/Miguel Perfectti; 1: 1 © fotolia/vektorisiert;
2 © Thinkstock/iStock/luplupme;
3 © Getty Images/iStock/gt29;
4 © Getty Images Digital Vision Vectors/jack0m; 5 © Getty Images/iStock/Miguel Perfecti;
3: 1–6 © Thinkstock/iStock/luplupme

S. 23: 5: 1–4 © Getty Images/Digital Vision Vectors/jack0m; 5 © Getty Images/DigitalVision Vectors/filo;
6 © Getty Images/Digital Vision Vectors/jack0m; 6: 1 © fotolia/T. Michel;
2–5 © Getty Images/iStock/gt29

S. 24: 1b: A © fotolia/T. Michel<;
B © fotolia/bilderzwerg;
C: Collage: Abstand © Getty Images/iStock/iarti; Bandsäge © Getty Images/iStock/Barbulat; 3: Foto © Getty Images/iStock/shironosov

S. 25: 1–8 © fotolia/bilderzwerg

S. 26: 1: Getränkekarton © Getty Images/iStock/Ratchat; Blisterverpackung © Getty Images/iStock/turk_stock_photographer; Verkaufsdisplay © Getty Images/iStock/maytih;
3: 1 © Getty Images/iStock/mihalec;
2 © Getty Images/iStock/September15;
3 © Thinkstock/iStock/Alexan2008;
4: Aufbewahrungsboxen © Getty Images/iStock/FabrikaCr

S. 27: © nordroden – stock.adobe.com

S. 28: 1: 1 © Getty Images/iStock/SimoneN;
2 © thinkstock/iStockphoto;
3 © fotolia/Andreas Mueller;
4 © Getty Images/iStock/urfinguss;
5 © Getty Images/iStock/artisteer;
6 © Getty Images/iStock/sunstock;
7 © Getty Images/iStock/Toon_Panacea;
8 © Getty Images/iStock/flyparade;
9 © Getty Images/iStock/Stockcrafter;
10 © Getty Images/iStock/KangeStudio;
11 © Getty Images/iStock/heibaihui;
2: 1 © Getty Images/iStock/fongfong2;
2 © Getty Images/iStock/Coprid;
3 © Getty Images/iStock/upiir;
4 © Thinkstock/Zoonar RF;
5 © Getty Images/iStock/daizuoxin;
6 © Thinkstock/iStockphoto;
7 © Thinkstock/iStock/Stepan Bormotov;
8 © Getty Images/iStock/stocksnapper;
3: Holzkisten © Getty Images/iStock/SafakOguz; Abrollmaschine © Getty Images/iStock/Jevtic

S. 29: © Getty Images/iStock/endopack

S. 30: 2b: A © Getty Images/iStock/empire331; B © Getty Images/iStock/SolidMaks; C © Getty Images/iStock/WestLight; D © Getty Images/iStock/nico_blue; 3: 1 © Getty Images/iStock/bbsferrari; 2 © Getty Images/iStock/nevodka; 3 © Getty Images/iStock/JoKMedia ; 4 © Getty Images/iStock/Denise Hasse; 5 © fotolia/Krot;
6 © Getty Images/iStock/DonNichols;
7 © Getty Images/iStock/GRECLAURENTIU; 8 © Getty Images/iStock/pedphoto36pm

S. 31: © Getty Images/iStock/DragonImages

S. 32: Gummiband © Getty Images/iStock/kemalbas; Begasungsmaschine © Getty Images/iStock/28082550

S. 33: © Getty Images/iStock/Baloncici

S. 34: © Getty Images/E+/xavierarnau

S. 35: © Getty Images/iStock/stockvisual

S. 36: 1: A © Getty Images/iStock/PaulGrecaud; B © Getty Images/iStock/TrueMidwest; C © Getty Images/iStock/Baloncici; D © Getty Images/iStock/stockvisual; 2: 1 © Getty Images/iStock/Tanantornanutra; 2 © Getty Images/E+/alvarez; 3 © Getty Images/iStock/gong hangxu; 4 © Getty Images/iStock/prill

S. 37: © Getty Images/E+/omersukrugoksu

S. 38: 1: Foto © Getty Images/iStock/3DFOX; Illustration: Hueber Verlag/Mascha Greune, München;
2: Foto © Getty Images/iStock/gipi23

S. 39: © Getty Images/iStock/geckophotos

S. 40: © Getty Images/iStock/Gearstd

S. 41: 6: 1: Hueber Verlag/Sophie Bischoff;
2 © Getty Images/iStock/Tempura;
3 © Thinkstock/iStockphoto;
4 © Getty Images/iStock/Baloncici;
5 © Thinkstock/iStockphoto;
6 © Getty Images/iStock/badeleven;
7: © Getty Images/iStock/Baloncici

S. 42: © Getty Images/E+/onurdongel

S. 43: © fotolia/Robert Kneschke

S. 44: Illustrationen: Hueber Verlag/ Mascha Greune, München

S. 45: © Getty Images/iStock/topae

S. 46: 1: 1 © Getty Images/iStock/ luoman;
2 © Getty Images/iStock/deadandliving;
3 © Getty Images/iStock/industryview;
4 © Getty Images/iStock/Clerkenwell;
5 © Getty Images/iStock/xrender;
6 © Getty Images/iStock/valio84sl;
7 © Getty Images/iStock/aldegonde;
8 © Getty Images/iStock/industryview;
9 © Getty Images/iStock/ Matveev_Aleksandr; Kran © Getty Images/iStock/chengyuzheng

S. 47: © Getty Images/iStock/ DonNichols

S. 48: 2a: links © Getty Images/iStock/ luoman; rechts © Getty Images/iStock/ canaran; Illustrationen: Hueber Verlag/ Mascha Greune, München

S. 49: 1 © Getty Images/E+/xavierarnau;
2 © Getty Images/iStock/deadandliving;
3 © Getty Images/iStock/Nobilior

S. 50: 1 © Getty Images/iStock/ simonkr;
2 © Getty Images/iStock/ EduardHarkonen;
3 © Getty Images/iStock/ahmettozar;
4 © Getty Images/iStock/abadonian;
5 © Getty Images/iStock/ DmitriyKazitsyn;
6 © evers GmbH, Graf-Zeppelin-Straße 10, 46149 Oberhausen, Deutschland;
7 © Getty Images/iStock/perets;
8 © Getty Images/iStock/Clandy-Images;
9 © Getty Images/iStock/ YaroslavKryuchka;
10 © Getty Images/iStock/vavlt;
11 © Getty Images/iStock/ayagiz;
12 © Getty Images/iStock/Baloncici

S. 51: Foto © Getty Images/iStock/ sasimoto; Illustration: Hueber Verlag/ Mascha Greune, München

S. 52: 1 © Getty Images/iStock/vitpho;
2: oben © Getty Images/iStock/ Tramino; unten © Getty Images/ iStock Arkadiy_Yarmolenko

S. 53: Illustrationen: Hueber Verlag/Mascha Greune, München;
6: 1 © Getty Images/iStock/gabort71;
2 © Getty Images/iStock/rdonar;
3 © Getty Images/iStock/ BorisRabtsevich;
4–5 © Getty Images/iStock/Baloncici;
6 © Getty Images/iStock/FooTToo

S. 55: © Getty Images/iStock/ NorbertSobolewski

S. 56: 1: A–F © Thinkstock/iStock/ art12321;
3: Luft © iStock/konradlew; Wasser © Getty Images/iStock/SciPhiTV; Strasse © Thinkstock/iStock/mikolajn; Schienen © iStock/LordRunar

S. 57: © Getty Images/iStock/pierivb

S. 58: 1: Pritschenwagen: Hueber Verlag/Mascha Greune, München; Sattelzug © Getty Images/iStock/ Marcus Lindstrom;
2: 1–4, 6 © Getty Images/DigitalVision Vectors/youngID;
5 © Getty Images/iStock/Vladimir Obradovic

S. 59: Maut © Getty Images/iStock/ Lukassek; Silowagen © Getty Images/ iStock/macroworld

S. 60: © Getty Images/E+/zoranm

S. 61: © Getty Images/E+/kupicoo

S. 62: © Getty Images/iStock/Halfpoint

S. 63: 5b: A–D © Getty Images/Digital-Vision Vectors/Enis Aksoy

S. 64: 1: 1 © Getty Images/iStock/ anzeletti;
2 © Getty Images/iStock/AlexLMX;
3 © Getty Images/iStock/funkypoodle;
5 © Getty Images/iStock/thomas-bethge

S. 65: Transport-Warnzeichen © Getty Images/iStock/gt29

S. 66: © Getty Images/E+/kupicoo

S. 67: © Getty Images/iStock/Tero Vesalainen

S. 68: 1a: 1 © Getty Images/iStock/ Drazen Zigic;
2 © Getty Images/iStock/mipan;
3 © Getty Images/iStock/ Svetlana_Angelus;
4 © Getty Images/iStock/Miguel Perfectti;
5 © Getty Images/iStock/angkhan;
6 © Getty Images/iStock/ Prostock-Studio

S. 69: © Getty Images/iStock/aydinynr

S. 70: 1a: A © Getty Images/iStock/ Antagain;
B © Getty Images/iStock/ Akintevs; 4: © Getty Images/iStock/ allibum

S. 71: 1 © Getty Images/iStock/ MediaProduction;
2 © Getty Images/iStock/ PRImageFactory;
3 © Getty Images/iStock/bbbrrn;
4 © Getty Images/iStock/Ralf Geithe;
5 © Getty Images/iStock/1933bkk;
6 © Getty Images/iStock/1933bkk

S. 72: © fotolia/Dmitri Brodski

S. 73: © Marty Haas – stock.adobe.com

S. 74: Müll © Getty Images/iStock/ fcafotodigital; Recycling © Getty Images/iStock/fcafotodigital

S. 75: © Getty Images/iStock/RYosha

Bildredaktion: Sophie Bischoff, Hueber Verlag, München

Audios:

Sprecherinnen und Sprecher:
Kevin Iannotta, Verena Rendtorff, Patricia Strasburger, Thomas Wenke

Aufnahmen und Postproduktion:
Atrium Studios, München

Weitere Titel

Im Beruf NEU,
Fachwortschatztrainer
Pflege
ISBN 978–3–19–321190–3

Im Beruf NEU,
Fachwortschatztrainer
Reinigung
ISBN 978–3–19–371190–8

Im Beruf NEU,
Fachwortschatztrainer
Küche und Restaurant
ISBN 978–3–19–351190–4

Im Beruf NEU,
Fachwortschatztrainer
Erziehung
ISBN 978–3–19–361190–1

Im Beruf NEU,
Fachwortschatztrainer
Bau
ISBN 978–3–19–331190–0

Im Beruf NEU,
Fachwortschatztrainer
Einzelhandel
ISBN 978–3–19–381190–5